デクノボー革命の軌跡 1

リラ自然音楽のスピリチュアルな意味

山波 言太郎

序

この本は語り口調で書かれています。

この本は「リラ自然音楽クラブ」の会員に、三回にわたり私が行った講演の記録です。

講演の主旨は「あなた方は、今、地球をパラダイスに変えるメシアの仕事をしていますよ」ということです。とんでもない？　でも厳粛な事実です。

でも、すぐ世の人々に通じる話ではないので、内輪でビデオで頒布はしていました。しかし、今回、書籍にして公開します。なぜなら、地球が急変化して、人心が判って下さる状況に入りつつあるからです。読んで下さい、地球が動く、変わる、あなた方も変化する。

二〇〇五・五・一八　山波言太郎

第1回講演会「リラ自然音楽のスピリチュアルな意味」　二〇〇二・一〇・一三

第2回講演会「神から出て神に帰る、その人間の歴史」　二〇〇三・　・二六

第3回講演会「おー大変が来る、歌マジックがある」　二〇〇三・四・一三

目次

〈1〉一点鐘——夜明け（地上天国）を待った人にのみ聞こえる
〈2〉地球トンネル——「あの音きこえるかい」——リラ自然音楽で作られたトンネル
〈3〉「アイ、I、愛、クエスチョン」

リラ自然音楽のスピリチュアルな意味

これから三つの講話をいたします。

お聴きになっても何のことだか分からないとお思いの方もおいでになるでしょうし、なる程とお分かりになる方もあるかもしれません。中にはとんでもない話を聴いたと思われる方もおいでになるかもわかりません。そういう話をさせて頂きます。

1 人は無限に幸福を求める

まず、人間とは何か、考えてみましょう。人間とは何でしょう、何だと思われますか。人間とは求めるもの、人間とは貪欲なものなんですよ。何を求めていますか、人によって色々でしょう。結局、幸福なんです、人は幸福を求めているんです。生まれてから死ぬまで、四六時中。

1．幸福とは健康、食、トラブルのない生活

幸福とは何でしょう。私達の求めている幸福とは何だと思いますか。

人はこう思いますね、命あっての物種だ。健康でしょう、体の幸福、命がなければ幸福も何もない。だけど、それだけじゃダメよ、お金よ、食べることが出来なければダメでしょ。食です、食べることです。お金があって食べる事に不自由なければそれでいいかと思うと、それだけではない。いろんなトラブルございます。お金がある、体も健康だけど悩

みがある、それ困る。一番簡単に言うと、この三つが私達の求める幸福だと思いますね。健康、食（お金）、トラブルのない生活。

2．でも、なぜか、もう一つ欲しがるモノがある

ところが、こういう人がいるんですよ。この前自然音楽セラピーのアンケートを書いて貰いました。その中の一人、Xさん、まじめな感想ですよ。「自己分析」という題で詩のように書いていていました。

「自分は今とっても自由で幸せです。何の不足もないのだが、地球のことは人任せ、齢《よわい》八十にもなるのだが、結局自分がよければそれでいいや、これが本心か。全く、何の話にもならん。地球のことは申し訳で、愛も奉仕もうわっつら、下の心が自分が先では、全く話にもならん」

この人、始めにこう言っていますよ。「自分は今とっても自由で幸せです。何の不足も

ないのだが」、これですよ。健康、食べるのにお金にも困らない、何のトラブルもない。それは自然音楽やってればそうなってきますよ。健康、トラブル解消、安定生活、つまり人間のホリスティックな健康ですね。だけど、どうも満足できない。「自分がよければそれでいい、これが本心か。全く、話にもならん」求めてる、この人は。もうひとつ何かを求めているこの人、それ何か分かりますか。愛です。人を愛すること、愛する人に自分がなること、愛に飢えてるの、求めているの。

と言うことは、人間とは何だと思いますか。人というものは体があるから、肉体があるからあの三つ、健康・食・トラブルなしの生活を欲しがっている。しかしもうひとつ、何か、かけがえのない何かを欲しがる、何か？　愛を求めているものがあるんです。肉体じゃないんです、それは。お金と健康と一生トラブルなければそれでいい……もう一つある。魂と呼ぶ、人間は肉体と共にもうひとつ魂というものをもっているらしい。それはどうも、肉体とは別ものらしいよ。だからイエス・キリストはおっしゃった、「人はパンのみにて生きるものにあらず」と。人は肉体だけじゃないよ、パンだけで生きてるんじゃないよとね。もうひとつ欲しいものがある、欲しがる体がもうひとつ別にあるとね。それに気が付かない、肉体しか見えないから。さて、もうひとつの人間の体とは何でしょう。

2 ― 魂とは何か？（愛を食物とするもの）

1．人は三重構造体

図1を見て下さい。これは人間の体です。人間にそなわっている総ての体です。何だろう、みてみましょう。先ず肉体がある。これは誰でも知っている。この中にピカッと光るものがある。霊です、これが生命の源です。そのまわりにあるのは何だろう。本体、霊体、幽体、まとめて媒体という。媒体とは霊（生命の源）と肉体とをつなぐ中間の体です。三つあります。幽体は肉体のまわりに少しはみ出してあります。でも見えないじゃないか、そうです、精妙な体なので肉体の中に浸み込んでいる、スポンジの中に水が浸み込むよう

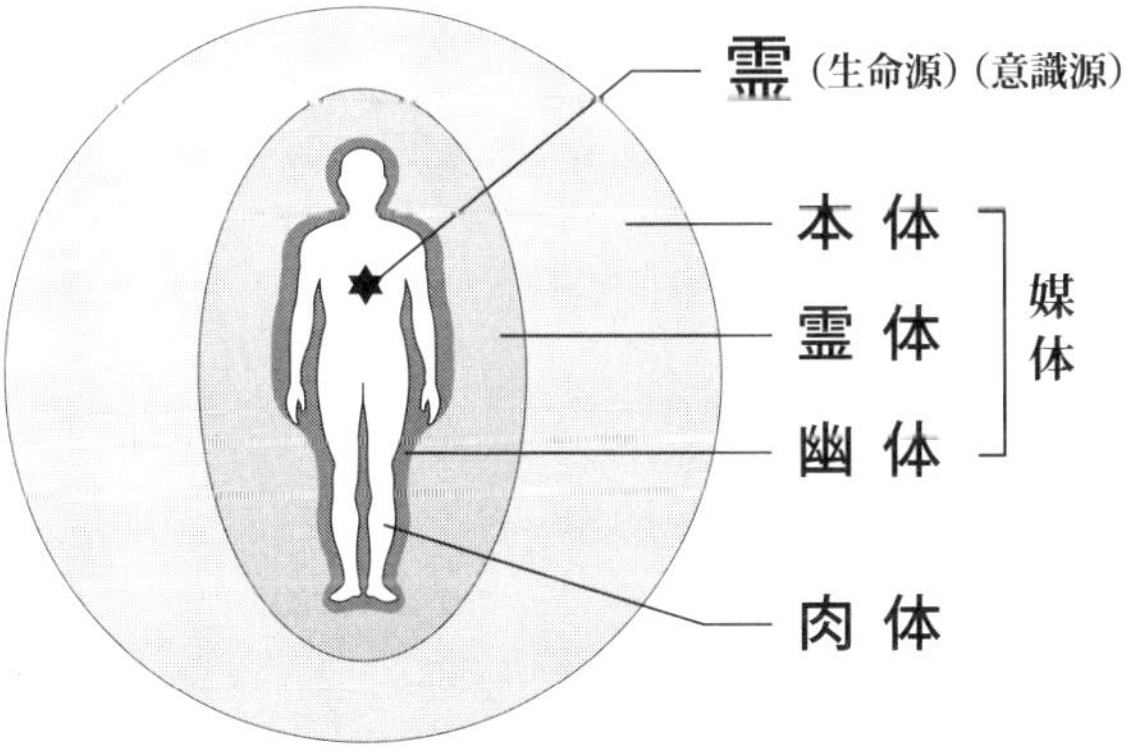

〔図1〕 人体は三重構造体

にですね。ところがもっともっと精妙な体、幽体の外側に卵型に描いてある、これが霊体。幽体よりもっと精妙なもの、これも体の中に浸み込んでいる。まだある、大きなもっと大きな丸いもの、本体。もう精妙で精妙であるかないか分からないようなもの。これだけもっているのが人間。まん中にスピリットがある。人間は何でこんな体をもっているのだろう。

これは今の科学で言っている事ではありません。心霊研究に基づいた結論です。心霊研究というのは、今から一五〇余年前欧米で発生した、科学者などによって研究されたものです。その結論がスピリチュアリズムと申します。スピリチュアリズムでは人間の体はこういうふうに出来ているんだよ、魂があるんだ、肉体一つじゃない、中に生命の光がある、これが魂というものよ。肉体の他にあるこれら(霊と媒体)を一緒にしたものを魂というわけ。

2. なぜ？……霊が着物を着た、物質界に自己顕現

なぜ人間はこんな体をもったのだろうかというと、こういうわけです。スピリット――霊というものがあるんですよ、霊魂の霊、これが生命の源、また意識の源。それが精妙極まりないものなのです。それが物質界に出て生活をしたいと思ったんですよ。でも精妙す

ぎて物質界では生活出来ない。そこで肌着をつけた、それが本体。でもそれだけじゃだめなので、もう少し粗っぽい下着を着けた、それが霊体。だがそれだけじゃまだ物質界に触れないので洋服を着けた、これが幽体。まだまだダメなので、さいごに肉体を着けた。これで、肉体は物質だから物質界にやっと生活出来ることになった、だから人間は肉体をもっている、媒体をもっている、けれども本家本元の私たちは霊。

3．生と死

第2図をみて下さい。肉体があります。これは私達の叩けば音がする体、これが私達だと思っているんですよ。けれどもそうじゃない、スピリット、これが人間、生命の源《みなもと》。ここから生命《いのち》はでているの。そしてこれに本体があって霊体があって幽体がある、これが魂なんですね。

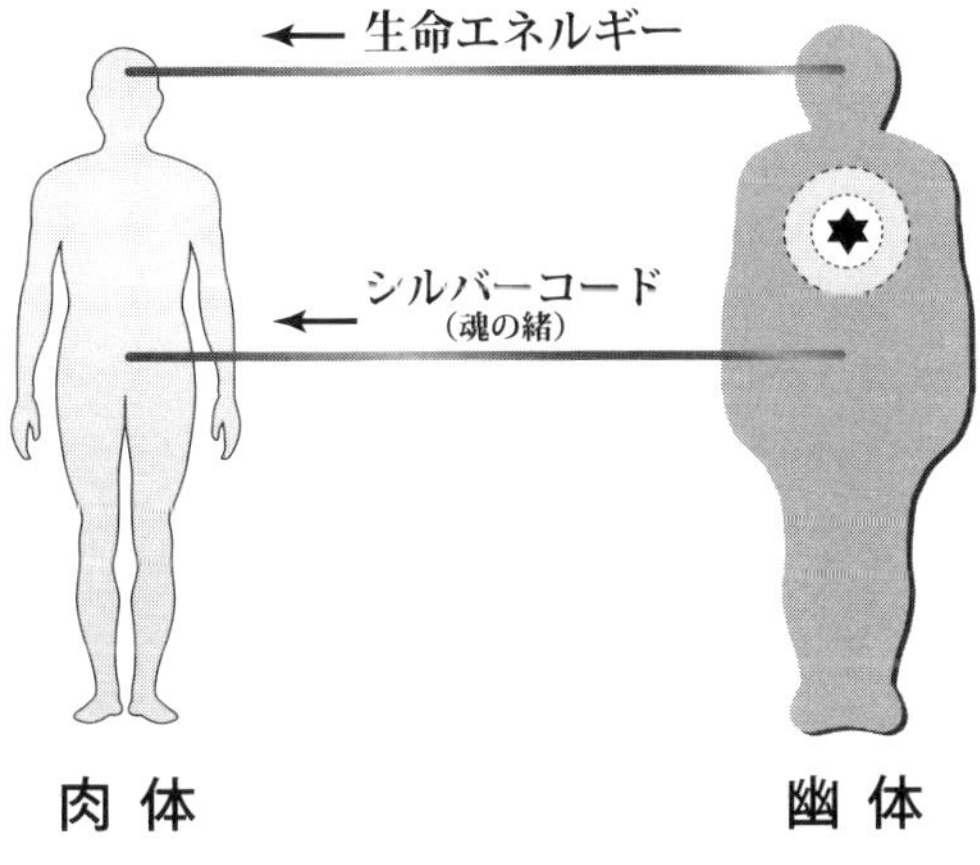

〔図２〕 生と死

では何で人間生きているのかというとね、肉体と幽体の間に、大きな二本のひも（コード）があるでしょ、これが魂のひも、魂《たま》の緒というんです。シルバーコード、これは本当は全身に糸みたいに無数につながってるんです。けれども肉体と幽体の脳と脳をつなぐものと、もう一つおなかとおなかをつなぐもの、この二本が大きいんです。ここから生命エネルギーが流れている。生命はスピリットから来るんですよ、スピリットから本体、霊体、幽体を通ってそして肉体に行くから、だから人間は生きているんです。

ところが死とは何か。肉体がもう年をとって動けなくなる——死というのは、この二本の魂の緒が切れてしまう時、死です。スピリットからのエネルギーが肉体に行かなくなるから死んでしまう。しかし私たち生きている、死んでも生きている。スピリットが私達自身生命なのだからこのスピリットは幽体の中に入って生きている、この幽体は幽界という次の死後の世界に入って生活する、ひき続き我々は生きているんです。

ということを今の物質科学では分からない。物質のことしか分からないから幽体のことも霊体のことも本体のことも、ましてスピリットのことは分かっていない。だけど本当はこういうことなんです、ということを知っていて下さい。

3 — 人は小宇宙、霊は太陽

人間は肉体を支える為にはさっき申しましたように、健康に生きるためには食べ物とトラブルのない生活が必要だけれども、本当は自分はスピリット、霊であるから、霊も食べ物が欲しいんですよ。霊を内にそなえた肉体人間は霊の食物を欲しがる。霊の食べ物が愛なんです。本当の自分はスピリット、霊は何で愛をほしがるかというと、スピリットの本性は愛なんです。愛の結晶体、それがスピリット、あなたご自身なんです。

だからさっきXさんのメモを読みましたように、肉体のために健康とかトラブルのない生活とか、でももうひとつ自分はスピリットですから愛がほしい。物質的に満ち足りても愛がほしい、自分は愛だから。こうして人の本当の幸福とは五体満足の幸福だけでなく、もう一つ愛を満たすこと、愛に満ちた人間、これが本当の幸福、そこまで人間の欲求は止まらない、それが人間である。Xさんのメモはまさにそれを言ってくれているんです。

さて、スピリット、私達自身の本性は愛なのかしらん？　愛なんです。そのことを少しお話しさせていただきます。

1．人は◉→太陽系◎？

ここに図を書きました。これ、人間なんですよ。これ、何かに似ておりませんか。ほら、太陽がここにあって、まわりに惑星がありますね。水星、金星、地球、火星、木星とかあって、そうするとこれ太陽のまわりを回転しているでしょ。惑星が回転するとこうなるんです。何だ、人間の体って太陽系に似ているじゃないか！

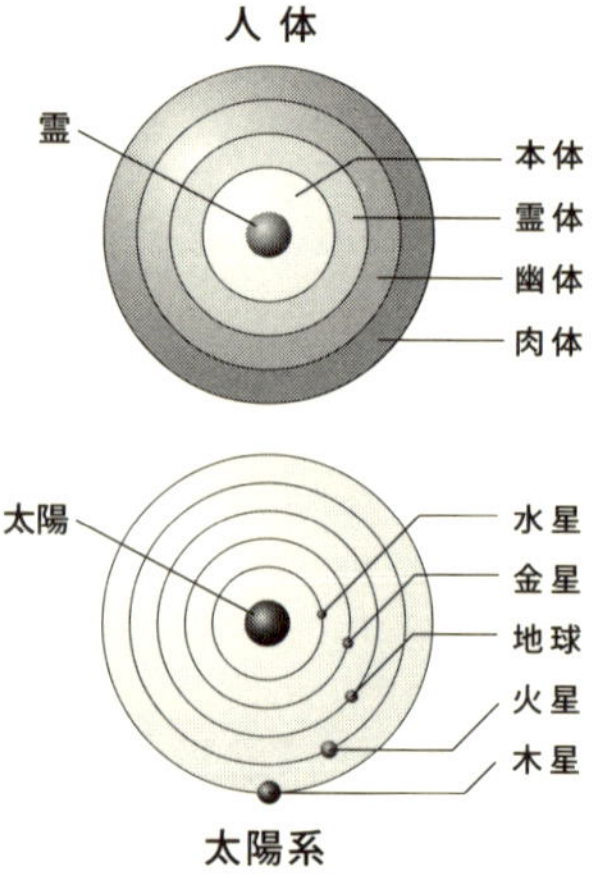

そうです、太陽系に似てるんです。十番目の惑星も発見されたそうですが、太陽系はちょっと人体に似ているじゃないか、それをもっと簡単に書くと、こういう事になるんです。

2．大宇宙ビッグバーン◉……（太陽も人も◉）

これ、大宇宙の姿、人体にそっくり。大宇宙はどうやって出来たのかというと、最近ではビッグバーン、宇宙の源はいわば一つぶの見えない粒子、それが火の玉になって爆発して全体に広がって、やがて冷えていって物質宇宙ができた。だから火の玉の源が大宇宙の源。

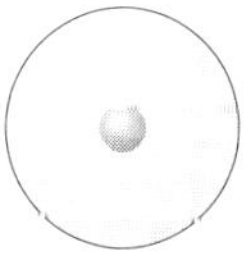
大宇宙

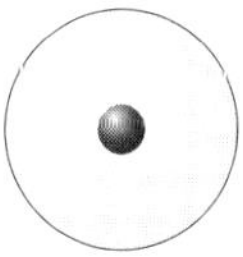
太陽系
人体

見て下さい、大宇宙も人体も太陽系も真ん中に生命の源、火の玉があってそのようにつくられている。ゆえに人間とは小宇宙です。人体は、あなた方は小さな宇宙なんです。それだけではない、あなた方の物質人体も細かくみていきますと分子になりますね、原子になりますね。肉体は原子で出来ている、それそっくりよ。

3. 原子一〇〇〇万分の一ミリ

物理学のお話です。原子というのは原子核という中心のものがあって、そのまわりを電子というものが回転しているんです。（図を示し）見てご覧なさい、大宇宙と同じじゃない、太陽系とも人体とも同じものじゃないの。中心に原子核があって電子が回転しているのが、これ

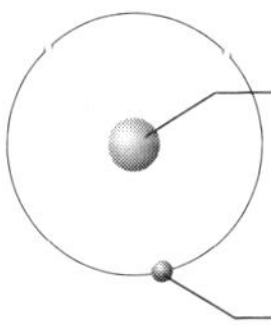

がひとつの原子というもの。原子は一〇〇〇万分の一ミリなんですよ、小宇宙よ。そしてこれがどれ程大きな力をもつか……。

核分裂知ってますか。原爆は核分裂なんですね。核がぶっこわれちゃう、原子が壊れちゃう、そうすると原爆になる。広島、長崎知ってますね、あれですよ。一〇〇〇万分の一ミリの電子顕微鏡でないと見えない位小さな原子が核分裂でぶっ壊れると、どれ程のエネルギーを出すかというと、例えば一リットル入りの灯油があるとすると、それの二〇〇〇万本分のエネルギーを出す。このたった一粒の原子が二〇〇〇万本分燃したのと同じエネルギーを出す、要するに核というものがものすごいエネルギーをもつものだということが分かる。だからあなたのスピリットも莫大なエネルギーをもつはずのものだけども、核分裂をやってはいけないんですよ、宇宙にキズが入るから。

どうすればいいかというと、原子と原子をくっつける核融合をすればいいんです。たとえば水素原子ともう一つの水素原子、合わせると電子が二つになる、すると水素原子がヘリウムになってしまう。二つの原子核が合体してしまうと、これが核融合

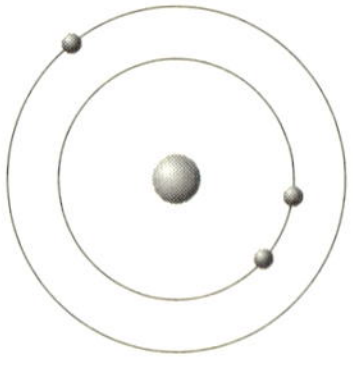

リチウム原子

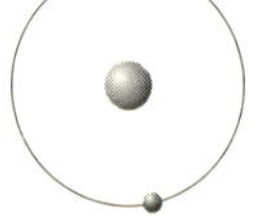

水素原子

です。これも核分裂と同じように大きなエネルギーを発する。太陽はなぜあんなに高熱を発して燃えているるか、表面が六〇〇〇度といわれていますが、実際はもっとあるようです。太陽の中心はもう一五〇〇万度とかあるようです。太陽は水素原子が核融合してるんです。だからものすごいエネルギー出てるんですよ。そのように、核というものはもの凄いエネルギーを内蔵したものだということを知っていて下さい。

4. 細胞三〇〇分の一ミリ

核はエネルギーをもっているだけじゃありません。まだまだある、核は、あなたのスピリットは。人体には細胞があります。一つぶの細胞には細胞核という核があって、まわりは細胞質でできている、三〇〇分の一ミリ位だそうです。

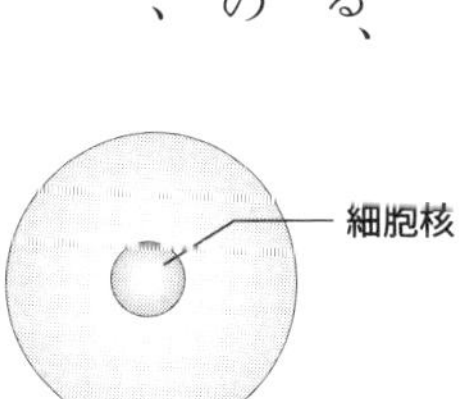

細 胞

私達の人体は六〇兆の細胞があるんです。ものすごいね。皮膚は細胞で出来ている、血管も内臓も骨も。六〇兆の細胞が内臓になったり骨になったり血管になったりしてる。何でそんなになるのかというと、細胞にはいろんな細胞があるらしい。

「私は骨の細胞よ」「私は筋肉の細胞よ」「私は内臓の細胞よ」というように、働きをしてるんですよ。だけども原形はこれと同じ、中心に核がある、まわりに細胞質がある。ところが驚くことに、この一つぶの細胞は人間の人体、一つの体と同じなんですよ、同じ働きをしているんです。なぜかというと、核は人間の脳にあたる、なぜ脳にあたるかというと、ここにはDNA遺伝子、染色体ですね、それを内蔵しているんです。だからコンピューターの働きをしているんですよ。それから細胞質、これは内臓の働きをしているんです。その中にいろんな器官があります。エネルギーを作る器官、それを再摂取したり合成したり、また輸送する器官、排出する器官、色々な器官があるんですよ。丁度内臓をもって脳をもって生きている一コの人体と同じ働きをしているのが細胞、六〇兆もある。皆皮膚になったり筋肉になったり血管になったりしてるんですよ。

それからご存知のように六〇兆の細胞は七年で全部新しくなります。ところが早くかわるものと遅くかわるものと色々ございまして、平均すると細胞は一日に二パーセント位死んで二パーセント位生まれているんです。六〇兆の二パーセントというと、一兆二〇〇〇億ですよ。一兆二〇〇〇億の細胞が死んで一兆二〇〇〇億の細胞が生まれる。すごいよ、これを死ぬまで八十年間つづけるんですよ、びっくりしました？　一日に一兆二〇〇〇億位八十年続ける、もの凄い生命力じゃない、創造力じゃない。なぜそうするのか、させているのはこの細胞核、脳にあたるＤＮＡ。例えば皮膚の細胞には「皮膚をつくれよ」、骨の細胞には「骨をつくれよ」、心臓の細胞には「心臓をつくれよ」と命令している、狂いがないの。もしケガして、そこの皮膚の細胞さんが皮膚をつくらずに心臓をつくったらどうなる、別のものつくったらどうなる？　間違えないんですよ、髪は髪、爪は爪、心臓は心臓、骨は骨、血は血、狂いなくつくっているから生きている。その命令を出しているのが細胞核、ＤＮＡ。だから細胞はエネルギーを持つだけじゃない、創造力を持つだけじゃない、英知、狂いなく命令を出して狂いなく五体満足に生きさせる英知を持っています。それをさせるのが細胞核、核であるスピリットはもの凄い生命力、創造力を内蔵するだけではなく、英知の在所でもあるんですよ。それに核分裂からわかるように、ものすごい物理的エネルギーさえ持つんです。生命力、創造力、英知をもつのが中のスピリット、でもそれだけじゃないんです。

5. 受精卵

この細胞の恐るべき働きは何から生まれてきたか、一コの受精卵から生まれてきたんです。このすばらしい働き、エネルギーをもつ細胞は一つぶの受精卵から生まれてきたんです。六〇兆の源《みなもと》は一粒なんです。

受精卵て一体何か。元はこれは女性の卵子です。卵子というのはこういうかたちをしています。真ん中に卵子の核があるんです。まわりに黄色な玉子の黄身みたいな所、体があり、そのまわりに透明なものがあります。これですよ、太陽とも人体とも宇宙とも原子とも同じかたちをした女性の卵子です。

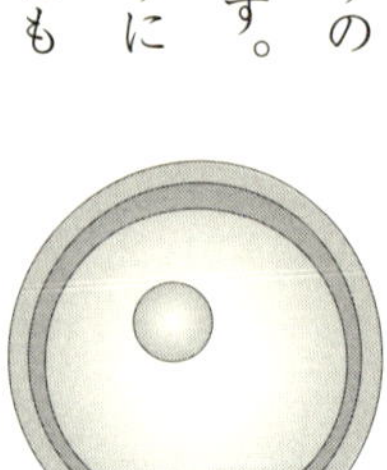

受精卵というのは受精しないといけない、受精というのは男性の精子が侵入して合体すると受精卵になって、子供になっていくわけでしょ。その一粒の受精卵が二つ四つ八つと、だんだん分裂していって六〇兆の細胞になっていく。六〇兆の細胞の源は一つぶのこの受精卵による。さて、この受精卵はどうやって形成されるのか。神秘というか、奇跡というか、愛の結晶体なんです。愛によって受精卵は生まれ、形成されるんです。

どういうことかというと、女性が一生涯にもつ卵子の数は一〇〇万個です。そのうち五〇〇個排卵していくんですけどね。精子が一回の射精によって出す精子は三億個です。その中の一個が卵子の中に入っていって受精するんですよ。ここに愛の奇跡が起こるんです。

どんな精子でも入ったら受精するとは限らない、決まっているんです。一個の卵子にはこの精子と、三億個の中から決まっているんです。どうしてそんなことが言えるのかというと、ここに卵子の核がありますね、この核と精子の核が合体するんですけれども、このおたまじゃくしのような精子、このままでは合体しないんです。入るとしっぽがなくなって、精子の頭の中の核が大きくなって、卵子の核と同じ形になる、それから合体する。但しどの精子でもいいというわけじゃない、この核のサイズがピッタリ完全に合わないと受精できない。サイズが難しいよ。三億個ある精子は皆核のサイズが違うんです。三億とおりあるんです。女性も一〇〇万個あって、排卵するのは五〇〇個ですが、皆核の大きさが違うんです。だから一〇〇万個の中の一個と三億個の中の一個が奇跡の出会いをする、これで受精できるんです。合わないのは流れてしまう。皆さんはこれで、出来たんです。皆さんは一〇〇万個の卵子と三億個の精子と、前から定められた一つと一つが合体したんです。サイズの合ったのとサイズの合ったので合体したんです。奇跡の誕生です。要するに愛によってサイズの合った定められた男女の愛によって合体によって出来

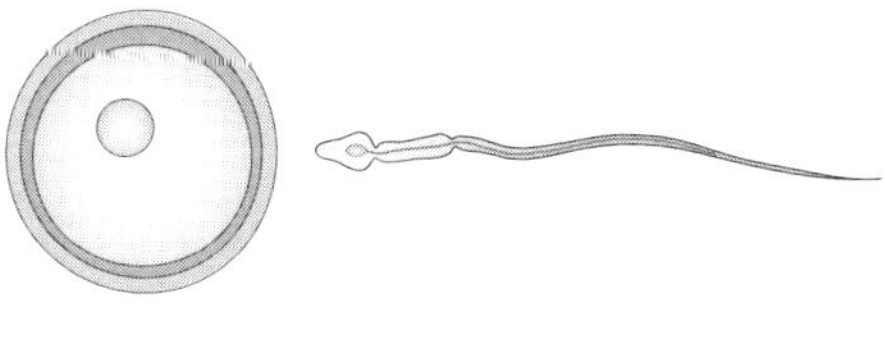

た愛の結晶です。だから核は愛溢れる人間そのものなのです。

だけどそれだけじゃない、受精卵は。これはスタートです。まだまだまだ、どうなるかというと、細胞は核分裂をしていくんですね。一個の細胞、受精卵はまずここに柱が出来まして、通路が出来て、二個の核が出来て、分裂していくんです。更にこれが四個に分裂していって六〇兆の細胞になっていくんですが、八つに分裂した時に大きな変化が起こってくるんです。八つに分裂した時にどういうことになるかというと、一つの受精卵が始めは卵子の中で分裂していくんですが、八つに分裂した時に、（第3図生命卵体図、参照）これ一つぶの細胞ですよ。受精卵の中で分裂していってこうやって四つの細胞が出来、また四つの細胞ができて、それぞれ四個がこうやって重なってしまうんです。これ合計八つ出来た時に、こういうかたちをとるんです。こうして四つが結びつくとこういう三角形（図示しながら）を形成するんです。もっと詳しくいうと三角錐なんですけれどもネ。簡単にいうとこういう上向きの三角形と下向きの三角形です。そしてこれが合体するんです。この細胞が合体するとこういう重なり✡になるんです。上向きと下向き、上

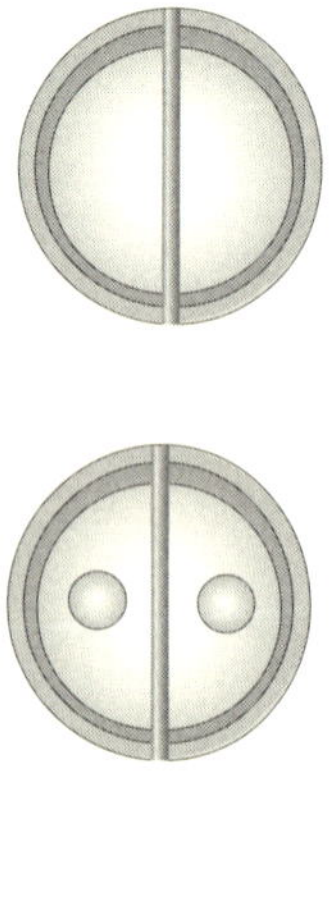

向きが男性プラス、下向きが女性マイナスで合体した。合体すると回転を始める、互いに逆回転です。男性と女性で逆回転する、すると何が起こるか（図3の右、生命卵体）。こうなるんです。これは一粒の受精卵ですよ（一粒の受精卵の中で卵割が進み、三十二個になった時、「嚢胚期」の状態）。簡単に書くと柱があるんです。そしてこれは、みて下さい、何のかたちしている？　りんごのかたちしているんです。

私の詩にある「アオミサスロキシン伝説」（一九九四年二月一二日作）という詩にございます。詩のいちばん最後にこう記してあります。

あるさわやかな朝を二つに割れば
リンゴ様《よう》のシンに伝説の花が咲いている
それがアオミサスロキシン未来花だ

これを地球美人花とも言う。そうしてこのりんごの形をしたものはもの凄い生命力をも

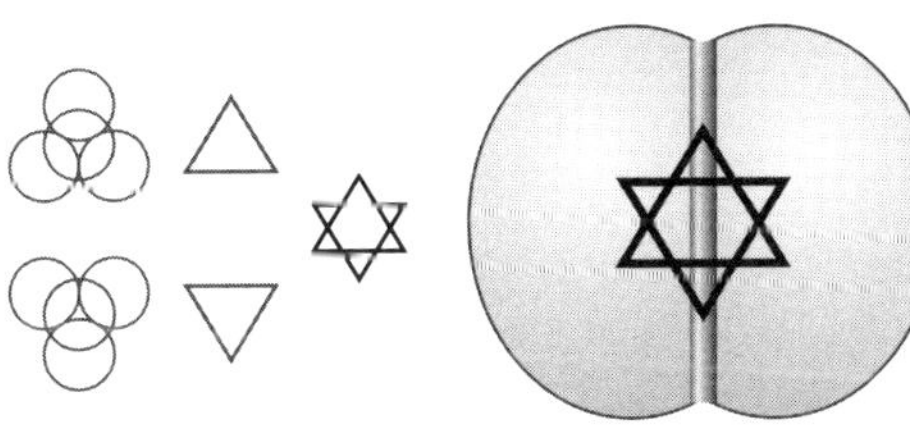

〔図3〕生命卵体

った生命卵、生命を生む卵（体）になっている、これが出来るんです。これが出来ると、どんどん細胞が分裂していって六〇兆の細胞になっていくんです。どうやってなっていくかというと見事ですよ、簡単に細胞になるんじゃない。この両方の空洞になっているところは人間の肺の細胞になっていく。肺は呼吸をする、呼吸しなければ生きていられないでしょ。りんごの上の所は口になる、口がないと物を食べられない、生きていけないでしょ。それから柱、色々な内臓の細胞になっていくんです、食べて消化をしていく柱、一番下の所は排泄口、肛門などの細胞に変わっていく。そうやって色々の細胞に変わって六〇兆の細胞になっていく。何と見事じゃない？　それで私たちが生まれる。

それで八十年間、一日一日、一兆二〇〇〇億の細胞が死に生まれ変わる。それがいのち生きてること。生命《いのち》、それは一粒の受精卵から生まれた。「あるさわやかな朝を二つに割れば／リンゴ様のシンに」アオミサスロキシンの花が咲く。すなわち生命卵から様々な細胞が生まれて八十年間、生まれ続ける。これは何と、生命を生みだす源ではございませんか。皆さま、そして何故、あの生命卵体生まれてきたのか、なぜアオミサスロキシンの花が咲いたか、男女の奇跡の出会いですね。一個の卵子と一個の精子の奇跡の出会い、そして合体して協同をして回転を始める協同作業ですよ、そうするとこの生命卵体になって、見事な人体、生命がつくられていく、それがあなた。ゆえにもう一遍始めに戻りましょう。

人間というものは、何というすばらしい奇跡的な存在でしょう。スピリットというものは生命の源泉。そう、あのビックバン初めの一粒、太陽系の太陽、それから原子核の核と同じもの。あの凄い物理的なエネルギーすら持つ、生命創造力を持ち、それから英知を持つ、こういうすばらしい存在なのです。これがスピリットなんです。生命力、創造力、英知。しかも霊・核は何で生まれたか——思い出して下さい、アオミサスロキシン、「あるさわやかな朝を二つに割」った生命卵体——愛の結晶によって形成されるものです。

そうするとこういうエネルギーを発揮するものに変わるんです。ゆえにスピリットの本性は愛である。それがあなた。

ここまでは人体の驚異ですね。愛の結晶によってつくられている。そしてそれはエネルギーと創造力と英知をもつものである——だのに私達人間みて下さい。大したことないじゃない？ それどころか鬼、地球環境を壊すもの、犯罪を犯すもの。鬼じゃない？ 何だこれは！ ということになる。

33

4 ―― 人の霊は太陽なのに、人はなぜダメなのか

1. 霊は肉体に包まれる

では私の話したこと全部嘘か？　嘘でしょうか。いや、スピリットは太陽そのはずなんですよ。なぜ私達普通の人間はダメなのか、冴えないのかということ。それはしょうがないよ、折角の力をもつスピリットが厚い厚い肉体におおわれてふさがれてしまったので外に出られない、力が発揮できない、芽が出ない。肉体におおわれたからスピリットは力が発揮できない。だから平凡に見えているだけなんです。それからもう一つ理由がある。肉体が邪魔するだけではなくて、もうひとつ邪魔するものがある、幽体なんです。

2. 幽体に問題あり

第4図みて下さい。二種類の人がいる。本体ここは真白。霊体ここもキレイ。次の媒体

が幽体、そして肉体、これ私達の体。（上図指し）こちらは肉体が曇っているでしょ。なぜ曇っているかというと、幽体が曇っているんです。霊《スピリット》の所からサッと光の線が出てきているけれども、幽体から先は点々々々となっている。なぜかというとスピリットのエネルギー（愛も英知）も本体霊体まではツーッと直通で行っちゃうんです、本体も霊体も精妙だから。ところが幽体に濁りがある、真暗。こうなってしまうと霊のもっている愛も英知もここでストップしてしまうんです。だから肉体がダメになって病気になったりする。

ではなぜ幽体は曇るのか、ここに問題がある。実は三つの媒体（幽体霊体本体）にはそれぞれ役割がある。一つの役割は（三つの媒体ともに）生命の本源スピリットの光を肉体に伝える、橋渡し役。もう一つの役割は、これこそ媒体の（三つがそれぞれに持つ）カラー特性を肉

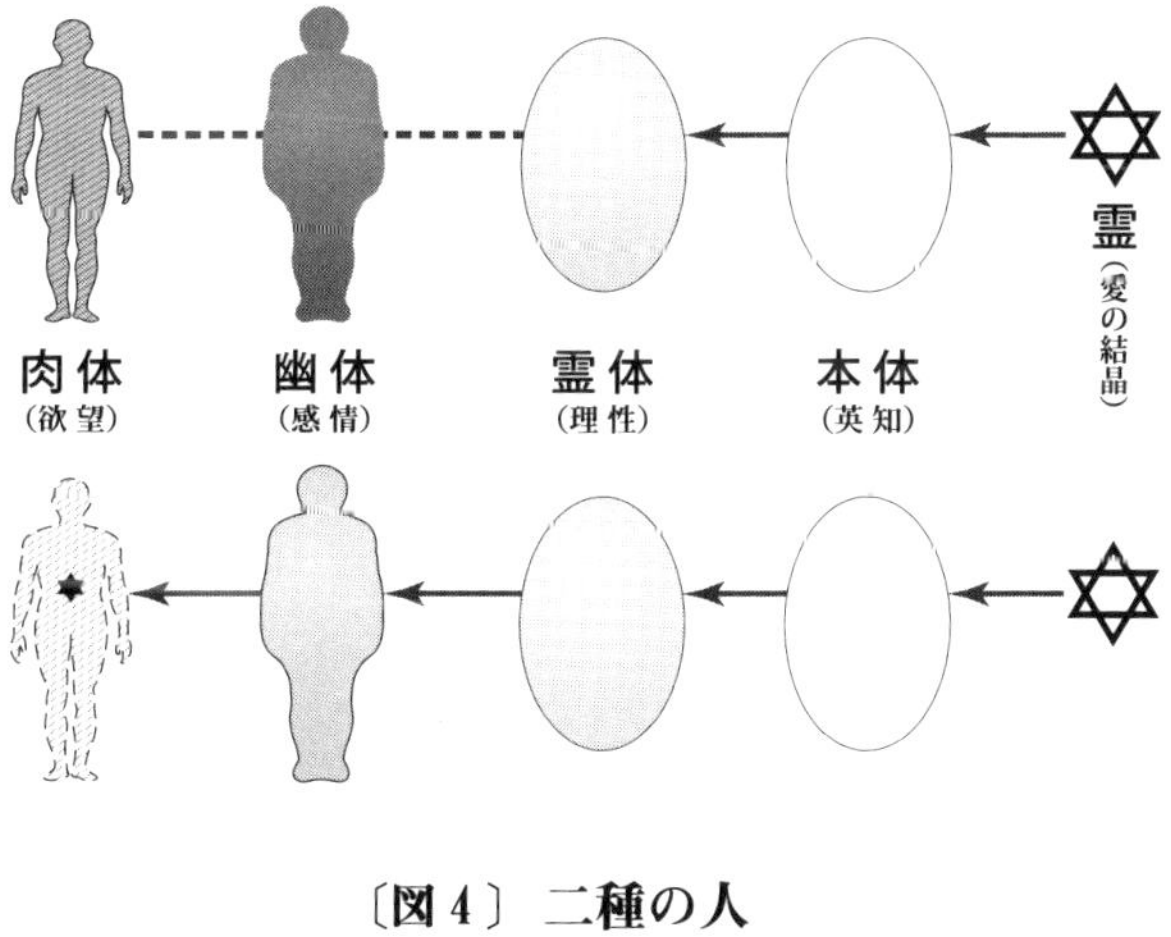

〔図４〕二種の人

体に色つけする役。

図に書いてあるように幽体は感情の媒体。嬉しいとか悲しいとか感情の媒体、感情を受け持っているんです。私達人間感情もつでしょ、あれ媒体があるからです。霊体は理性を、高尚な知恵ですね。高尚な知性、理性。本体は英知、英知は愛でもあるのですけどね。

それぞれ受け付け方が違うんです。で感情の媒体が幽体なんです。ところが人間というものは感情がしばしば悪感情になってしまいがちなんです。怒ったり悲しんだり僻んだり恨んだり憎んだり威張ったり欲張ったりです。そう言われると皆図星《ずぼし》でしょ。それで幽体曇って真っ黒。そうするとスピリットからの英知も何も届かない。そうすると肉体ダメになる。

ところが、人間の中には二種類の人がありまして、下の図をみて下さい。この人は幽体きれいでしょ、真っ白です。そうするとスピリットからの愛と英知がサーッと幽体を通って肉体まで行きますから聖者みたいですね。これが聖者の源泉。つまり愛も英知も、つまり霊のもつ神性がアオミサスロキシンの花のように咲いてしまうんです。その肉体に表現されるんですネ。

ですから問題は幽体にある。幽体さえきれいならば、悪感情さえなければ人は聖者。悪感情もてば幽体まっ暗、ダメな人。だから二種類の人があるわけなんですね。悪感情をもつ人と持たない人、良い人とダメな人と。だから幽体は人間の心の在り場所だというんです。人間の心の在処、その人が立派な人格をもっているかどんなにひねくれた性格をもっているか、心は幽体の善し悪しにある。幽体が良いならキレイなら立派な人、幽体が濁っていれば悪い人格、性格、だから幽体は心の在《ざい》所なんです。だから幽体をきれいにすれば立派な人格者になるし、幽体が汚れて悪感情もつとダメなんです。

3. なぜ悪感情出るか？——生き方

ですけど何故、人間は悪感情をもつのでしょう、なぜもつのだろうと思いますか？　これさえもたなければいいのに。自分の胸に手を当てて考えてみましょう。

簡単なんです、答えは。エゴだからです。自己中心だからです、自分勝手、わがまま、威張りたがる、人とケンカする、自分の幸福だけを願う、恨む、怒る、負けると悲しむ、人が偉くなると僻んじゃう、ちょっといいことあるとすぐ慢心する、全部悪感情です。自己中心、自分勝手の性格、自己中心の生き方をしている人は、いつも悪感情だしているから幽体が曇っちゃってその心は真っ黒け、人格も性格もダメなんです。逆にエゴのない人、愛の人、愛と奉仕に生きている人は人が怒ったって怒らない、人を許す、与えること、この人は愛の心しか出て来ない。だから幽体キレイ、真っ白。だからスピリットの花が肉体に咲く。

というわけで、悪感情をもつかもたないかの分岐点は、その人が自己中心の生き方をしているか、愛の生き方をしているか、その人の生き方でちがってしまう、ということを知っていて下さい。あなたはどちらの生き方をしていますか？　愛の人ならよろしいですね。少しでも自己中心だと幽体が曇っちゃうんですよ、心が乱れるんですよ、乱れただけで済めばいいが、恐ろしい恐ろしい、幽体が乱れた人は鬼になる、悪鬼、人間以下の鬼。なぜだか知ってますか。それは『天使への道』（山波言太郎著　でくのぼう出版刊）に書いてあります。

4．自己中心は→悪鬼となり→破壊・不幸

幽体は感情の媒体だけじゃないんですよ。もう一つ、受信器、発信器なんです。そんなこと学校では教えてくれない、科学でもまだ教えてくれない。

何を受信するかというと、他者の思想や感情想念を受信し発信する。他者といっても二つあります。一つは、生きた他人（生者）からのいろんな想念を受けとります、そしてそ

の人に返します。恨まれると恨みを返す、憎まれると憎む想念を返す。もう一つは邪鬼、(邪霊と書いてもいいんですが)、自分が恨んだり怒ったりすると、同じもっと恐ろしい恨みや怒りの心を邪霊から受けとっちゃうんですよ。邪鬼とも受け取りしているんです。だからこの受信発信は「波長の法則」によって行われているんです。波長の法則とは「共鳴の法則」と同じです。同じ周波数だと受信し、ちがう周波数だと受信しないんです。だからもし私達が悪い感情をもっておりますと、憎む人怒る人、生きた他人からの悪感情を受けとる、或いは悪い邪鬼のもっと恐い悪感情を受けとってしまうから、どうなるかというと自分の悪感情が増幅させられてしまうんです。ちょっとだけ恨んでいても、他人の悪念や邪鬼の悪念を受けとると、バッバッバッと拡大して大きな大きな邪念悪念恨みつらみになってしまう。だからそんなの人間じゃなくて鬼ですよ。だから人は悪想念をもって幽体が濁ると、直ちに他人や邪霊の悪想念や悪意と交流して、その悪念が増幅されて、人で無し鬼になる、浮かばれないよ、地獄におちて。

でも悪いことだけじゃないんですよ。愛の生き方をしているならばどうでしょう。幽体がきれいでしょ、愛の波動出しているでしょ。波長の法則、共鳴の法則によって善人と交信をします。よい霊魂とも交信します。よく守護霊と言いますが、守護霊はその人が生まれてから死ぬまで守り導いてくれる霊の親。この守護霊とつながりができるとそこが入り口ですから、高位の善霊との道がつながります。だから人が愛に生きるとすべての高位善霊とつながる。その人の幽体はますますキレイになっていく。それだけでなく、その人は善霊に守られて幸福平和になる、心も体も生活も守られて幸福になっていく、幽体がきれいということはいいですね、守護霊に守られて幸福になる平和になるんですよ。

だから自分で決めるんですよ、自分がきれいな幽体をもつかダメな幽体を持つか。悪くなるのも人のせいじゃない、自分のせい。自分が恨んだり怒ったりする、そうすると悪鬼に変わって取り返しつかなくなる。それを決めるのが人間の生き方、愛の日常の生き方をしているか、自己中心のよくない生き方をしているか。それは自分で決める、それが自分の総てを決める、悪鬼にするのも、守られて平和になるのも総て自己の生活のし方によるんです。

5 ── なぜ人は自己中心となるか

それでは次の問題、人はなぜ自己中心になるのか、エゴイズムになるのか、大きな問題があるんです。自己中心にさえならないで愛の人になってしまえばいいんですけども、中々なれないでしょ、なれない原因があるんです。

1. 宇宙には二つの世界、一つの世界しか知らない者→自己中心となる

なぜ人は自己中心になるのか、簡単に言うとこの宇宙には二つの世界があるのに、ひとつの世界しか知らない人は必ず自己中心となる。世界には二つの世界がある、どんな世界かな。その内の一つしか知らない人は必ず自己中心になる、幽体は濁る、悪鬼に変わる。二つの世界を知っている人は反対に愛の人になる、そして幽体きれいになる、守護霊に守られ平和と幸福の生活に自然になる。宇宙に二つの世界がある、あなたは二つの世界知ってますか。

音楽をかけましょう、（CD『ことだま』の中の挿入歌「二つの世界」の歌）

二つの世界

山波言太郎

見えないけれどあるんだよ
見えてるけれどあるんだよ
二つの世界があるんだよ
お魚は水の中を泳いでく
息をしないで泳いでく
人も世界を泳いでく
息をしながら泳いでく
どっちが楽に見えるだろ

2. 二つの世界とは

お分かりになりましたか。二つの世界とは何か。息をしながら泳いでく、もう一つは息をしないで泳いでく、世界は二つあると言ってましたね。息をして泳いでく――これは物質界、現世です。息をしないで泳いでく――あの世ですね、霊的な世界。こっちは物質界、みえる世界、そしてもう一つあっちは霊的世界、みえない世界、というわけで世の中には二つの世界がある。さて、どっちが楽にみえますか。どちらに本当の幸福があるか、どっちですか。その証拠をみてみましょう。

3．どっちが楽に見えるか

〈イ〉霊的世界

精神次元表をみて下さい（45ページ参照）。これは私が協力して豊田 満氏が作りました。左の上の方から神界、亜神界、霊界、幽界は上層、中層、下層となってますね。その隣りに15次元から4次元まであります。4次元から15次元というのは豊田氏の独特の割り方でありまして、精神のレベル（段階）を示しています。下の方はダメ、6次元、7次元と上に上がる程いい。15次元はもう神そのもののような世界ですね。というふうに精神のレベルを示す。各4次元5次元の中にも上中下なんてありますね。それがどのような精神レベルであるか参考に、いろんな人名がそこに書いてあります。みて下さいね。さて、13次元を見てみましょうか。釈迦、イエスは13次元の下の段階におられます。神に近いですね。意外なことは姜甑山《カンジュンサン》（12次元最上）、ものすごく高いでしょ、これ意味があるんですよ。宮沢賢治さん、モーセさん、高いでしょう。宮沢賢治は亡くなった時は10次元の上だったんです。今、ダントツ12次元の中。なぜか、後でお話ししますけど、銀河鉄道がスタートしたからです。去年（平成13年）の9月23日、それでもってパンッと上がったんです。シルバー・バーチ、ホワイト・イーグルは11次元の上。シルバー・バーチ、ホワイト・イーグルの通信がございますね。それはここからきているんです。随分高いですね、亜神界ですよ。各宗教の偉い方々、聖者、中国の孔子様、老子様いらっしゃる、皆聖者です。

それから9次元から下、右の方を見てみますと、地球（地上世界）と書いてあります。9次元から4次元までに当たっているのが地球ですね。それはどういうことかというと、地球の物質界に住んでいる人は、精神レベルは下の4次元から9次元までありますよということなんです。それ以上はまずありませんよということです。左の方に9次元の最上にカッコしてイエスと書いてあるでしょ、イエス様は上の方13次元の下にもイエスと書いて

精神次元表①　（原「表」は豊田 満 氏 作制）

界	層	次元	段	神	リラ段階	（参考）仏教十界
神界		15	最上		神のリラ	仏
		15	上			
			中			
			下			
		14	最上		龍神のリラ	
		14	上			
			中			
			下			
		13	最上			
		13	上			
			中			
			下	釈迦、イエス		
		12	最上	姜甑山		
（亜神界）		12	上	（七大天使）	マカバリラ	菩薩
			中	宮沢賢治、モーセ		
			下			
		11	最上			
		11	上	シルバー・バーチ、ホワイト・イーグル、トート		
			中	聖徳太子、法然、道元、エレミヤ、パウロ、ヨハネ（黙）		
			下			
霊界		10	最上			
		10	上	孔子、空海、親らん、ソクラテス、ピタゴラス、ルター		
			中	老子、白隠、聖フランチェスコ		
			下			
		9	最上	（イエス）		
		9	上			
			中	緑の切符　ジョバンニ　モーツァルト		
			下		プレリラ	縁覚
幽界	上層	8	上	カムパネルラ	生命の樹リラ	声聞
			中	石炭袋		
			下			
		7	上		銀線リラ	天
			中			
			下	★南十字星駅　青年たち		
	中層	6	上		リラの響き	人間
			中			
			下			
		5	上	さそりの火		修羅（修羅場）
			中			
			下			
	下層	4	上	山の上の小駅		
			中			畜生
			下	鳥捕り		餓鬼
		地獄	下の下	プレシオスの梯子		地獄
		消滅者				

（上位）四界（仏〜声聞）
六界（六道）（天〜地獄）

霊的世界

地球（地上世界）

物質界

ありますね。イエス・キリストの精神レベルは13次元の下なんです。9次元の最上にカッコしてあるのは、イエスは地上世界に再生する準備中なんです。肉体をもって間もなく再生してこられます、もうすぐです。再生する時は下に身を置くんです。

地上は9次元より以下です。言い換えるとキリストや釈迦が現世で活動なさった時は、肉体から発する波動は、もっと高い霊性をおもちだったんだけれども肉体の衣を着ると9次元までしか発揮できない。釈迦もキリストもちょっとしたおじさんに見えたと思いますよ、その頃は。本当はずっと高いということを示すのがこの精神次元表です。

二つの世界お分かりですか？　右が地球地上界の9次元まで、霊的世界は下の4次元もあるけれども、15次元まである。どっちが楽にみえますか？　どっちが幸福な世界にみえますか？　どっち？　それはもう15次元もある霊的世界に決まってますよ、釈迦もキリストもおいでになるんですから。地上界は9次元界までしかないんです。

〈ロ〉物質界

だけど人によっては9次元まであればいいよ、「俺9次元でいいから、8次元でもまあいいし」なんて……とんでもない！　間違ってる、物質世界をもう一遍この表で見て下さい。あの世とこの世と人は生まれかわって再生していく、そうするといいですか、表を見て下さい、４次元あたりからも来るのよ、４次元も上中下とあって修羅、畜生、そこから生まれかわって来るんですよ。（下の下の地獄からは生まれかわってきませんけどね）。あなたが仮に９次元であっても餓鬼や畜生とこの世の中は一緒に住んでいるんです。そこのところを知って下さい。この人４次元、この人６次元、この人５次元、皆一緒に住んでいるの。だから悪人がいっぱいいると、どういうことかわかりますか。犯罪がしばしば行われる、餓鬼や畜生の人達がいるんですよ、ケンカする戦争する、それが地上界です。猫もしゃくしも、つまり聖者も餓鬼畜生も皆一緒に住んでいるから戦争世界、だから戦争が絶えないんです。だから地上界って幸福ですか。正直者がバカをみる、憎まれっ子世にはばかる、悪いやつの方が威張ってるんですよ。イエスは処刑されたでしょ。物理的な暴力が通用する世界なんですよ。だから戦争が起こるんですよ。

それから嘘が隠せるんです、肉体を着ているから。ホンネとタテマエというのがあるでしょ、建前できれい事を言って腹の中では汚い、隠せる。だから犯罪が起こる、肉体を着ているから。

その上お釈迦さまはこうおっしゃいました。現世は苦しい苦界だよ、生老病死の悩みがある。これは生きる苦しみ、生活の苦しみ、骨を折って労働をして稼がないと生きられない、年をとってボケにもなるし体もきかなくなる、辛い。病気になって死んだり悩んだり、お金もかかったり、肉体があるから。そしていつかは死んでいく悲しみ、別離の悲しみ、この生老病死の苦しみがあるのが物質界なんです。あの世は生命は永遠ですが。

この世は嘘がまかりとおる世界、物理的暴力がまかりとおる世界、そして餓鬼も畜生も一緒に住んでる世界。正直者がバカをみるのは、暴力と嘘が通用するからです。よろしいですか、そしてその上に生老病死の苦しみがある。だから9次元まであるからいいよ、と言ったって、自分は9次元でも8次元といったって、皆この苦しみは負う。だから現世、物質界は苦しみの世界です。

それに対して霊界は、(図表を見て下さい)、霊界だって地獄もあれば6次元もある!?ありますよ、しかし霊界はこの世とつくりがちがうんです。どういうように違うかというと、階層世界なんです。あの世は、いい人はいい人だけで住み、悪い人は悪い人だけで住む。なぜかというと、波長の法則。肉体がなくなると想念——心ですね、心が通用する世界になってしまうんです。肉体の暴力だとかでなく、心だけが波長で全部通じ合うんです。嘘をつくとバレちゃうんです。恥ずかしくて嘘をつく人は住めないから、嘘つきばかりが住む低い世界に住んでしまう。聖者は聖者だけが住む、愛の人は愛の人だけ住む、中くらいの人は中くらいの世界、このように階層世界、波長の世界、霊の世界はそうなんです。

だから9次元の人は9次元の人ばかりで住むから、もう餓鬼や畜生に犯されることはない。10次元、11次元の人は聖者ばかりが住むから愛に満ちあふれた世界、どっちが楽？霊的世界でしょ。「どっちが楽にみえるだろ　お魚は息をしないで泳いでく」、霊的世界は息をしないで泳いでいく、魚はスーイ、スーイと水槽の中を泳いでいる。霊的世界に本当の至福の世界がある。勿論地獄もあるが、いい人なら必ず至福の世界にいく。現世ではどんなに9次元で立派な人でも、もみくちゃになって苦の世界なんです。ということ、お分かりでございますか。その苦の世界に我々が住んでいる。

二つの世界がある、見える世界と見えない世界と二つある。見えない世界は至福、幸福の世界が存在する。見える世界はすべて苦の世界である。この世界の存在お分かりですか。この図表でよく見て下さい。ということを知らない人は、こういう二つの世界があることを知らない。知らないだけではない、ひとつの世界しか知らないんですよ。どっちの世界知ってるかというと、物質界、見える世界しかないと思っている。今の科学が教えないから、見えない世界はないとしているから、だから「みえないじゃないか。だから、ないじゃないか」、一つしか知らない。そして一つの世界しか知らない人は、必ず自己中心に陥ります。

4. 一つの世界（物質界）しか知らない人、なぜ自己中心？

では一つの世界、物質世界しか知らない人は、なぜ自己中心になるかというお話をします。

簡単なんです、皆様理屈を考えてみて下さい。見える世界しかないから、その人は人生八十年だと思っているんです。物質しか存在しないと思っているから、その人にとって宝物は物質、お金。そうすると幸福になるためには、物を一生けん命かき集める。人はあくまでも幸福を求めるものですから、八十年の生涯にお金――お金は何でも買えますからね――、人間の魂だってここでは買える、お金はこの世の中では最高のもの、一番おいしい食べ物が例えばお金なんです。だから八十年の賞味期限の間に一番おいしいお金をバンバン、バンバン集める。幸福になりたいから必死で集める。すると、皆がそうするから、そこから争いが起きる、トラブルが起きる、ケンカが起きる。そしてそれは災いの種を撒いていく。だから世界平和でいこう、愛に生きよう、戦争やめようと言ったって、やめるわけないじゃないの。賞味期限八十年、一番おいしい食べ物、何が何でも幸福になりたい、必死でお金を集めようとして競争するんです。いのちがけで幸福になりたいからお金を集める。だから戦争なんかやめっこないですよ、トラブルは消えっこないです、災いは消えっこない。原理はその人が一つの世界しか知らないからと思いませんか？

霊的世界を知ってる人は、あちらの世界が本当の幸福の世界なんだ、えいえんの無限の進歩が約束される世界がある、と分かる。だから9次元、10次元、11次元の人に自分はなりたい。それで自己中心をやめて愛の人になる努力をして、ということを考えます。二つの世界を知ってる人は精神を高めようと努力をします。

一つの世界しか知らない人はエゴイズムの虜となる、抜けることが出来ない。だから戦争やめろやめろと言ったって、やめっこないですよ。六十四億人の人の中で、五十九億人位はこの世は物質界だけだと思っているでしょ。いのちがけでお金を集めるんですよ、競争ですよ、やめるわけないですよ。そして皆自己中心になる、ますますなって戦争だってやめない、やめろったってやめっこない。

6 それなら、死ねばよい

あの世に本当の幸福がある、それならあなたはさっささと命を絶ってあの世にいきますか、それとも八十年この世をガマンして、あの世を楽しみにして生きますか。そうはいかない、次を出して下さい。

1．そうはいかぬ、エンマの審判

ほーら、ほらほら、さっさとあの世に行けばよい、あの世に幸福があるからと

〔図5〕エンマの審判

行ったところが……このエンマさまがいて、「嘘をつくなよ、嘘をついたら舌を抜くゾ」――「ソ、ソ、ソレなら申します」、――「あー、おまえ悪いことばかりしたな、そしたら地獄だ！」こうして、ふり分けられる。これは宗教で言うお話です。でも、本当はこういうふうに振り分けられるんです。次にスピリチュアリズムの振り分けの絵を見て下さい。

2．他界の審査は「自己審査」

エンマはいませんけれどもあの世にいきますと、このように死後の世界は振り

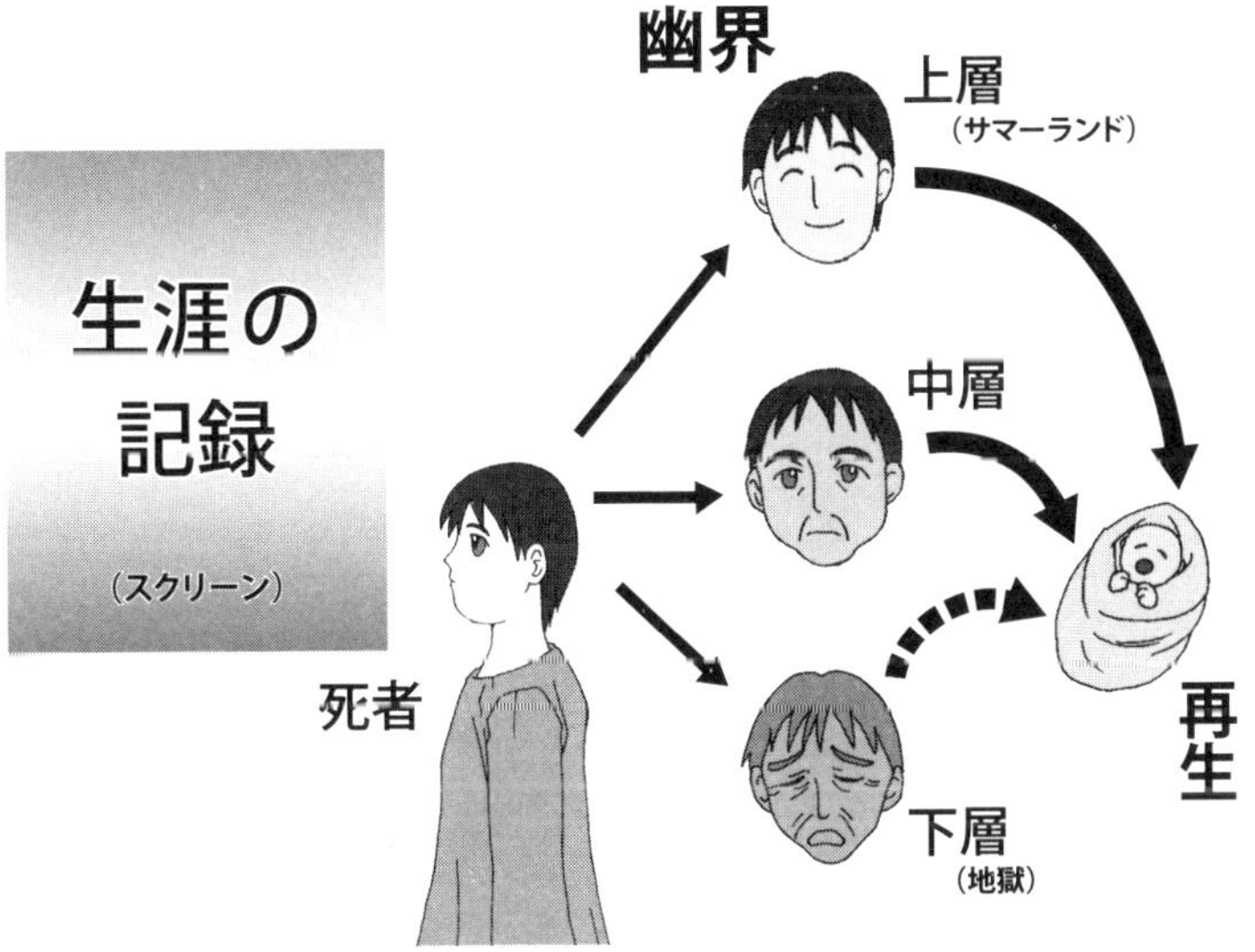

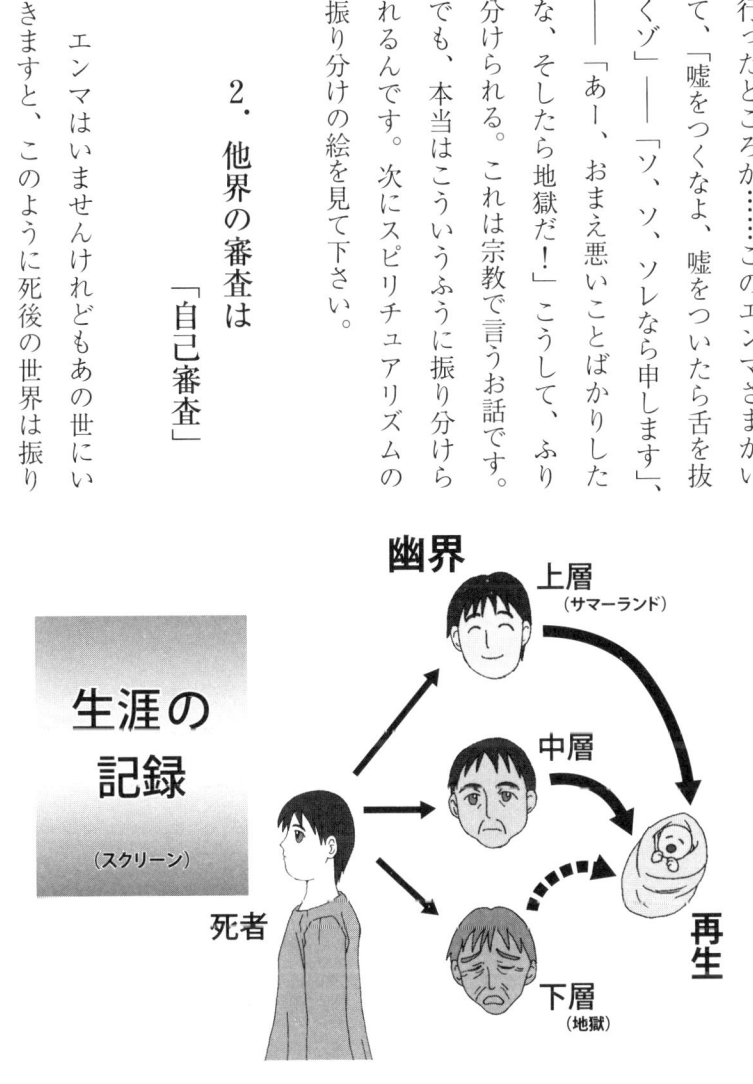

〔図 6〕 スピリチュアリズム審査

分けられます。これはスピリチュアリズムの研究の結果です。死ぬとすぐに死者はテレビを見るように生涯の記録を見るんです。一瞬のうちに見てしまいます。そして、あー、自分はこんな事していたのか、分かっちゃう。本当ですよ、臨死体験をした人は自分の生涯の記録をみせられたと言っています。私も見ましたよ、死にかけて。十秒位の間に全人生をみましたよ。そんなにいい事してないな、そんなに悪い事もしてないな、まあまあだな、ここで死のうかなあと思った。本当ですよ。十秒位で見ました。死後は皆こういう体験をするみたいです。そこで自分の全人生を総ザライして、決算をさせられる。そして悪い事をした人は恥ずかしいからといいますか、下の世界に自分で行っちゃう、つまり地獄ですね。良い事（行い）をした人は幽界の上層の世界に入る。そこはサマーランド（常夏の国）です。ふつうの人は中くらいの普通の世界に入る。これがあの世の界層社会。もっと上の霊界（炎のような光の世界）、更に神界、もう想像を絶した（至楽の国）だってある。

自分で振り分けるんです。おこなった行《おこな》いを自分で反省して振り分けられる。何で？波長の法則です。悪いことをした人は粗い波長をもってますから、悪い人の地獄に集まる。善いことをした人は幽体が美しいから波長の法則によって、上層に行ってしまう、というかたちですね。

3．やはり自己中心だめ、愛の人でないと

ではもう一遍、さっきの次元表（45ページ）を見てみましょう。幽界、わかりますね。上層、中層、下層となってますね。下層は地獄、最低もあります。5次元6次元は中層の世界、ちょうどこの現世物質界と同程度の世界。上層は7次元8次元、この世からいきますと上層はサマーランド常夏の国という天国のような夢の世界にみえます。

そういえば、先月号（「リラ自然音楽」二〇〇二年九月号）で、亡くなってすぐ青年の姿になった方がおいでですでしょ、（注、高年で亡くなったのに、家族の方々の目に高校生の姿で出現。自然音楽セラピー中にはマザマザと他界者の姿を見たりする体験がしばしばある。）あの方どこへ行ったかというと7次元です。そこに行きますと自分の若い時の姿をとっちゃう。8次元へ行くと、それよりもっと理想の姿をつくっちゃう。この方は恐らくまもなく7次元から8次元へ入っていくと思いますよ、ヒーリングをお受けになっていたから。（注、自然音楽セラピーは魂の進化促進をすすめる働きがあるから）

だが特例だってあります。この前ご高齢で亡くなられた方、A氏、四十日後にどこへ行ったかというとね、10次元（下）に行っちゃった、（注、豊田 満氏の波動測定による。）凄い

よ、老子様のすぐ下じゃない、聖フランチェスコのすぐ下です。その方、生きている時は8次元の（上）だったんです。亡くなって四十日後、10次元の（下）に来ちゃった。なぜか、後で申しますが、銀河鉄道のお手伝いの役割をもっているので相応しい世界にポンと行っちゃった。

〈注〉この銀河鉄道の詳細の話は106ページ以下に出てきます。平成十三年九月二十三日、宮沢賢治の童話『銀河鉄道の夜』の、あの銀河鉄道が現実にこの宇宙空間を走り始めたという話です。話でなく事実なのですが。

また、去年（平成13年）銀河鉄道が発車する時に地底（地獄）に梯子を架けた人（B氏）、あの方その一か月前に亡くなっていたのだけどね、どこに行ったかというと、12次元の（中）に行ったんです。この前の号（二〇〇二年十月号「リラ自然音楽」）に載ってます、赤い羽の天使（B氏）が地底のプレシオスの梯子の根元で働いている。七大天使と同じところにいっちゃった。何でそんなところに行ったか。あの銀河鉄道のプレシオスの梯子を架けたりするには、宮沢賢治とモーセと天使と同じ段階でないと出来ない仕事なんです。元々役割をもっている。元々生きている時は9次元の（下）でしたよ。宮沢賢治も亡くなった直後は10次元の（上）だったんです。今は12次元の（中）に行っちゃった。役割があって、もって生まれた使命があると、この段階でないと仕事が出来ないから、またいのちがけでやるからそういうことになる。A氏もB氏もこの自然音楽をやっていた方です。異例中の異例です。異例というより、そういう約束で生まれていて、いよいよその使命を果たすために、必要な次元の仕事についた、ということです。これは異例で、一般にはそういう事はない。横すべりです。生前、5次元の人は5次元の世界へ、4次元（下の下）の人は地獄へ、8次元の人はパラダイスへと、「波長の法則」によって正確に横すべりで入って行く。狂いはない。これが宇宙の掟だから。

そういう事でございまして、死んだらすぐ極楽へいけるなんて、とんでもない！　現世の行いによって振り分けられる、自分が振り分けるということです。

7　どうしたら自己中心を脱し、愛の人となるか

自己中心をやめて愛の人になれば、バッバッバッバッと上の方へ行って楽ちんというわけでしょ。問題はこれ！　極楽はお手のもの、自己中心の心さえ取ってしまえばいい。ところがこれが問題！　千日かかっても、十年、いや二度や三度生まれ変わっても、エゴイズムから離脱することは難事中の至難事。だって幽体にコビリ付いた黒い悪想念の層は、ツラの皮より厚い層ですからネ。問題はこれ！　千古の昔から。

でも、原理はかんたん、極めて簡単。人はくるみであるということを知ればよい。

1．人はクルミ（カラは肉体）

図7を見て下さい。人はクルミなんです、クルミということを知ればいい、簡単でしょ。真ん中に胚（やがて発芽する生命の芽）がありまして、堅い殻がある。堅いでしょ、（注、人間の図を指しながら）人間の肉体は、堅い堅い物質の殻。中に芽であるスピリットがある。

この人間の殻さえ割れればいいんですよ。どうすれば割れるか。それはクルミ割りにならえばいいんです。

もう一度図7を見て下さい。

人間は中に霊があって、本体霊体幽体があって肉体、堅い殻と同じ肉体を被っている。この肉体があるから、人は二つの世界が見えないんです。（注、図7の「二つの世界」の絵を指しながら）真ん中はスピリットですね、まわりの黒いのが肉体ですよ、霊《スピリット》、これがあなたご自身です。堅い殻にくるまれているからスピリットの目に見えるのは、中の物質世界しか見えないんです。見える世界、物質世界しか見ていない。クルミの殻の外の外界の霊的世界は見えないから「無い」ないないと思っている。「あるよ」といくら証明してみせても、そんなものないじゃないかと見えない。堅い堅い殻があるから、自分の肉体の中、すなわち物質世界しか見てい

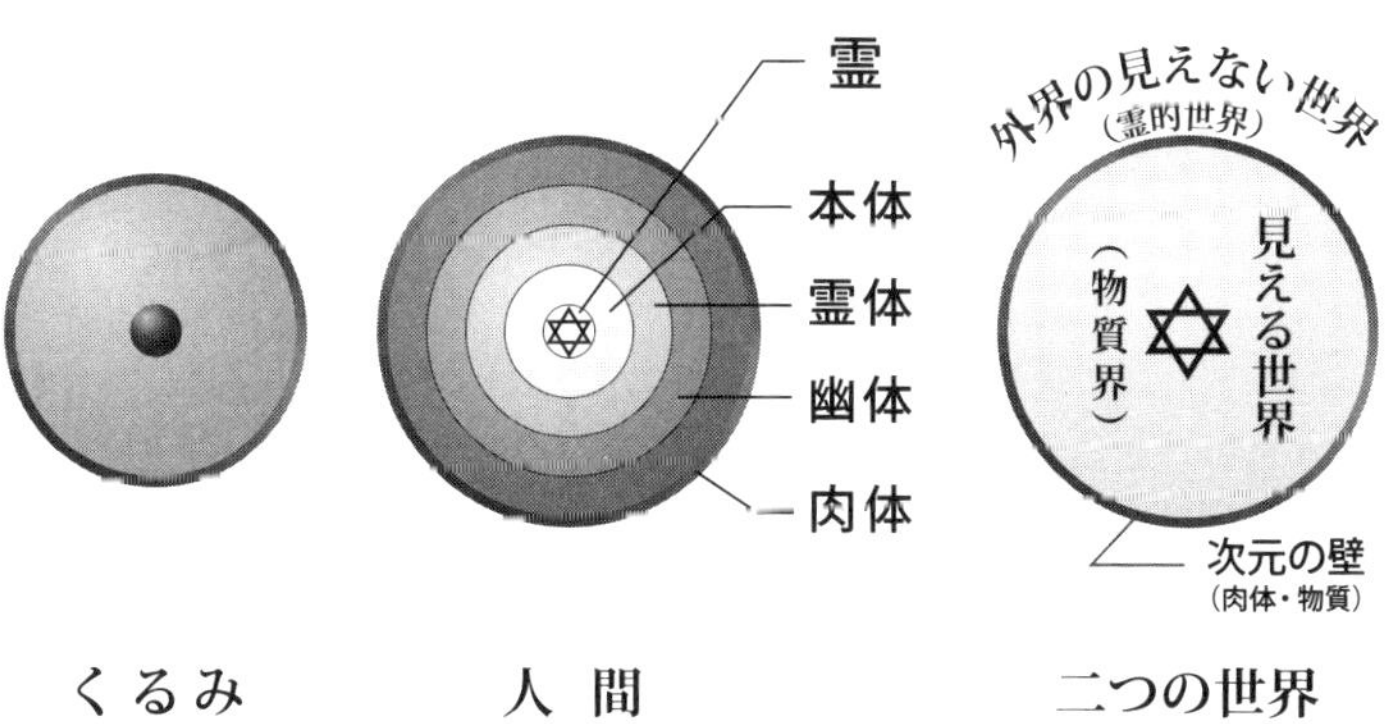

〔図7〕人はくるみ

ない。これが人間だとすれば簡単です、クルミに教えてもらいましょ。クルミは自分で殻を割って芽を出す。クルミ割りの原理を学んで我々が実行すればいいんです。

2．くるみ割りの原理――地中に置け（苦の現界）

図8をご覧下さい。これくるみでしょ。これに学べばいいんです。何でくるみは堅い殻を割って芽を出すの？　これよ、暗い大地の中に入ったからです。暗い大地の中に埋められた、すると自分で発芽して自分で大樹となっていくんです。人がもしクルミならば、暗い大地の中に置かれればいいんです。そうすると自力ですよ、自力で発芽して大きな木になる。見て下さい、クルミは芽を出して殻をひっくり返して、これ（図8の3）になるんです。あるさわやかな朝を二つに割れば　りんご様のしんにアオミサスロキシンの花が咲く、〈生命卵体〉になるんです。これ内在の霊の発芽なんです。そうすると霊はこの大きな木になっていく。このようにクルミは暗い大地に置かれることによって初めて芽を出す。人間も暗い大地、この辛い現世物質界に置かれることによって、そこで生活することになって初めて芽を出す、霊が目覚める。そしてアオミサスロキシンの花を咲かせて大樹を茂らす

ことが出来る。つらい現世に住むということは、実は肉体をまとったスピリットにはかけがえのない仕事、これがないと芽が出せない。暗い大地現界で何とかしようとする、そして芽を出す、霊が芽を出す。そうするとアオミサスロキシンの花が咲き、生命卵の体になってウワーッと大きな樹となって花を咲かせ実をみのらせる（注、人は天使のようにもなる）。

もし神様がいて、沢山の実を大地に降り注がせるとどうなる？　沢山の子供達が出来てきます。沢山の人間の仲間が出来てきます。それを又こうやって発芽していけば、大地、地球上にずうっと緑の木がおおっていきます。目覚めた多くの人々が殖えます、地球は緑の楽園に変わります。もしその一人一人が

〔図8〕くるみ割り

クルミ割りを正しくやって生命卵体となり実をふりそそいでいけば、ですね。

3. 神は輪廻の掟を定め給うた

そこでクルミは一回で芽を出すが、人は現世に置かれても一回ではそうはならない。一度でぱっと目を覚ましてアオミサスロキシンが咲くわけにはいかない。何度も何度も何度も暗い大地に置かれて、何度もあの世に行き、そして又現世へ行き何度も何度もくり返し、そしてクルミ割りをするんです。ゆえに私たちには輪廻という法がございます。クルミ割り原理によって、神は人間の体——肉体（物質）の殻を破り、生命である霊を発芽させ大きな樹にさせるために、暗い大地に苦しい現世に神は人間を置き給うた。但し一回では割れないから、何回も何回も何回もくり返す輪廻の掟を定められ給うた。これを輪廻転生というんです。何度も何度も生まれかわり、何度も何度も暗い大地に置かれることによって、遂にクルミは自力で殻を割っていきます、大きな樹になって地球に花を咲かせます。

8 ― 宇宙に、二つの進化方法あり

一・輪廻（一般人コース）

1．輪廻（すべての人の根源の法）

輪廻の法がございます。これによってクルミ割りが出来るんです。クルミは自分で殻を割るんですよ。クルミが人の手で他力で割ってもらったのでは生命力は持ちません。自分で割るんです、輪廻をくり返して。他力依存ではいつまでたっても発芽する力が持てません。人のスピリット（霊）は先程言いましたように、もの凄い生命力をもち、もの凄い創造力をもち、愛の結晶体である、そういう力を内に内蔵しているんです。内蔵している力を外に発現させるには、暗い大地に置かれ自力で発芽をする以外方法はない。自分で次元の壁の殻を割る、人から次元の殻を割ってもらったのでは発芽する力が出て来ない、他力依存は絶対ダメ。なぜなら中の人間の生命はもの凄い力、宇宙がビッグバンしたような力、核が爆発するような力を内蔵したものである。そのエネルギーを使わずに他力依存で割ってもらったのでは、中の生命力は発現しない。自力、自立心こそ、人間が芽を出し大きな木になっていく唯一の原理です。人は暗い地中に置かれ現世に置かれ、輪廻をくり返して自力で発芽していくという輪廻の法を神は定められた、この世に生まれたらどなたも輪廻をくり返していきます。

2. 輪廻転生三つの法

この輪廻には三つの法が使われるんです。人が簡単に生まれかわってくるとはおっしゃらない。輪廻転生には三つの法則により行われているんです。

〈イ〉「求めよ、さらば与えられん」

根源の法がキリストがおっしゃった「求めよ、さらば与えられん」です。これは慈母のやさしいお母さんの法です。どういうことかというと、赤ちゃん泣くでしょう、おなかがすいたよ、おむつが汚れたよ、「アー、アー」と泣くでしょ。するとお母さんが来ておっぱいをくれる、おむつを換てくれる。泣けばお母さんが来て与えてくれる。泣くこと、暗い現世にあって泣くこと、痛い目に遭って泣くこと。但し本気で泣くこと、お芝居じゃ泣かないよ、ジェスチャーじゃ泣かないよ。本気で泣けば慈母は必ず、必要なものを与えてくれる。求めたら与えられる。求めなければ与えられない。「求めよ、さらば与えられん」というのは根源の法である。赤ん坊が本気で泣けば慈母が大宇宙が必要なものを与えてくれる、泣くことです、本気で。赤ん坊の第一声・産ぶ声は泣き声でしょう。求めなさい、泣きなさい、この世は痛みの世界。でも泣けば、神があって与えられる。赤ん坊はこの法を貰って産まれてくるんです。ですから私からみると、この根源の法は神さまの掌《てのひら》のようなものだと思いますよ。神さまの掌《てのひら》、神は愛ご自身そのものですから。孫悟空が世界の果てまで歩きまわっていると思ったらお釈迦さまの手のひらの中だったという、痛みに泣く法は愛の法。泣くことで神はお与えになる。求めよ（赤子のように泣けよ）――母は与える。母の掌は愛。この母の掌に帰るために輪廻がある、繰り返しの生き死にがある。その中で、いつ本気で赤子のように泣けるか？　それは痛み、赤子を泣かすものが〈痛み〉。

〈ロ〉「痛み」の法

第二の法は痛みの法、苦難の法。変革の風が吹いて今にいい世界がやって来る、いいあんばいだと思ってる人に、その前に痛みがないと何も出来ないと言うと「いや、痛みは嫌だ」という。しかし、痛みなくしては与えられない。痛みは求めさせる法です。人間が求める為には、痛まないとダメなんです。おなか減った、「アー！」赤ちゃんおむつ汚れた「アー！」、苦難があって初めて赤ん坊に求める心が出てくるんです。おむつ汚れて気持ち悪いから、とり換えてほしいよと苦痛で初めて求める心出てくる。求めて泣く、泣くから与えられる、こうですね。こうして自分の霊がもっているクルミが殼から外へ出る内在の力を外に発揮するチャンスが訪れる――外にスピリットが芽を出す――それには現世の大地の痛みが先ずあって、初めて外に出ようとする。だからこれ痛みなくして幸福は握れない。

〈ハ〉「因果律」

第三の法は何でしょう。痛みが求める法、求めるとは泣く法。それなら泣いて与えられる法とは何か、それが因果律というものです。

因果律、知ってますか？　殺したら殺される、奪ったら奪われる、与えたら与えられる、憎んだら憎まれる、愛したら愛される。これはこの宇宙で必ず行われている因果律、絶対に狂いないですね。何のためにあるかというと、愛を知るため。自己中心はいけないということを知るため。

本当は殴ったら殴られずにいたい、与えたら戻して貰いたいと思うでしょ。そうはいかないのです。やった事がノシを付けて返される。殴ったら殴り返される二倍に。与えたら与えられるノシを付けて。二倍殴ると四倍痛い目にあう。与えると倍倍倍と与える度に返るものが大きい。こうして人は法を知る「因果律」という法を。相手から奪い相手を殺すことは、自分を殺し自分を破滅に導く破壊の原理だと。反対に愛することは愛を得る一番素敵な原理だと。つまり〈罪と罰〉〈愛の重さ〉を知るんです。

こうして、三つの法があって人は輪廻を何度も繰り返す。求めよ、人生の痛みを避けずに本気で泣け、母がきっと出現する、与えられる。「求めよ、さらば与えられん」根源の法。

この法があるから人は次の法を知る。痛みはいいこと、泣ける世界の仕組みはいいことだと。これが「苦難の法」。

そうして最後に知る「因果律」罪と罰。愛は平和と建設の原理、恨み怒りの自己中心は破壊破滅の原理だと。こうして輪廻が完結する、おわる、上がりとなって天上世界へと進む。

それではここで歌ってみましょう。

峠のわが家

山波言太郎

一、懐かしい故郷《ふるさと》には
花は咲き陽は照るよ
峠にはわが家があり
旅人も来るのよ
ある日から私も知ったのよ
罪と罰　愛の重さ
誰でもいつか知る

二、ふる里は遠いけれど
誰でも歩いてく
峠からあてもなしに

裸足で歩いたの
あの日から私も知ったのよ
罪と罰　愛の重さ
誰でもいつか知る

三、ふる里へ帰る人は
一度はまたかえる
峠にはわが家がある
愛を教えるホーム
その日からあなたも知るのよ
罪と罰　愛の重さ
誰でもいつか知る
　その日から貴方が知るのよ
　罪と罰　愛の重さ
　誰でもいつか知る

〈罪と罰〉〈愛の重さ〉、この二つの原理を知りぬいて、人生学校の学習を終えたら、人は皆必ず母の待っている故里へと帰って行くのです。

3. おさらい

では、もう一度おさらいをしてみましょう。

人はなぜ死ぬのでしょう、もう一度生まれ変わるためです。人は、なぜ、何度でも輪廻転生をするのでしょう。それはたった一つの原理を知りぬくためです〈罪と罰、愛の重さ〉。つまり愛が永遠のふるさと（平和と幸福）にかえる原理、エゴイズム・自己中心主義は動物の下（地獄）に永遠に沈淪する原理、この一事を知りぬくためです。そうして愛の人、天使になって（元の天使に返って）宇宙を地上天国にするためです。そのために私達は皆、神の懐《ふところ》から旅立った子供達です。思い出して歌ってみましょう。

旅人かえりぬ

山波言太郎

一、ふるさとは　遠くから
胸に抱《だ》き　思うものね
誰にも　ふるさとの
歌きけば　かなしい
ふるさとはなれた
人達かえる
ふるさとはなれた
人達　アーォアオー

二、こころみは　愛をしる
旅人に　道づれなの
愛をしる　永い旅
この世行く　旅人

明日《あす》の日かえる日
さすらい夢み
やすらう明日《あす》の日
夢みる　アーォアオー

三、ひろげた手　かかえる手
愛をしり　かえる旅人
誰でも　思い出す
愛のみ手　神の手
旅人かえりぬ
旅人かえる
愛を知り愛の手に
かえりぬ　アーォアオー

こうして、皆が帰るところへ、帰るとき…………さあ、それがいつになるか分からない、とっても遅れる人が出るかもしれないから。先へ行って待っている人、中には手を出して引っ張って上げる役の人たちも必要になるので、神はもう一つの急ぐ人の道もこっそりしつらえておいでになりました。それが、次に述べるもう一つの秘教コースです。

二．秘教方式（特殊人コース）

二つの進化方法――　1．輪廻　2．秘教学校方式

このように我々は輪廻でもって皆愛を知るんです。実はもう一つ愛を知る法があるんです。この宇宙には二つの方法があることを知って下さい。この世には輪廻に依らずして進化する方法があるんです。

輪廻、これは総ての人が踏んで愛を知っていく方法、もう一つの特別の法、特別のスピードランナー用、人生は走るのが速い人がいるんです、スピードランナー用、それが昔からいわれている秘教といわれる方法です。

秘教学校方式、これは特別な努力をして早く進化したいという人がいるんで、秘教学校というのが太古にあったんです。そこに入ると、先程言ったいろんな法、——輪廻の法、因果の法、そういう法を教えてもらって、「あー、そういうことか」と聴くだけじゃなくて実践をして修行をしてたちまち、輪廻よりも早く愛の人になっていく方法があったんです。但し今は廃れちゃってますけれども、その二つの進化コースがあるということです。

〈注〉これは太古レムリア時代にアイという人が開発した「愛の法」です。レムリアで何万年もの間行われました。レムリア陥没後にはアトランティスに継承され、リラ聖人と言われる人々が行いました。これは山の奥などに世間から隠れて、隠士（ひそかに道を学習する篤志家）によって行われたので、秘教と呼ばれる。

これは独特の呼吸法、愛の生き方の法、そして宇宙の諸法則を学び、脱皮（何度かの輪廻を繰り返して得る魂の悟り）を段階的に飛躍的に遂げて行くので、急速に進歩します。

でも、これはアトランティス陥没後一万年も前から廃れて、道が閉ざされてしまいました。でも、その痕跡だけが一部の密教的な宗教や、特殊の修行鍛錬法として、形を変えながら伝わっています。でも殆んどは中途で雑音が入ったり、世間的な利益や名声で歪められたりして、秘教の真髄は消えています。でも、かつて太古には、そういうフルスピード超進化の特殊コースもあったことは知って下さい。

人生とはいずれにしろ学校ですね。愛を学び、愛を知り、愛の人（天使）になるための学校です。何回輪廻転生するかでスピードが違うだけです。ただ秘教学校の人は、大泣きに泣く赤ん坊の中の赤ん坊、キリストが言った〈幼児〉のようになった特志家です。こうしてすべての人が故里へ帰る、母なる大宇宙の源、万象を産んだ原子の原点・核。またいのちを産んだビックバンの初めの原点へ。これがふる里返り、私達の「神への帰還」です。

私のケンタッキーホーム

山波言太郎

一、懐しわがケンタッキーホーム
夏の朝日照り
ひねもす鳥は歌いて
人は微笑《ほほえ》みかわす
牧場に花咲くときは
踊れ　人よ　いま
いつかはこの戸を叩き

別れの日は来るが
今はしばし　許したまえ
懐しわがケンタッキーホーム
いついつ　いつまでも

二、若き日二度と返らぬ
さあれ人は帰る
懐しわがケンタッキーホーム
花は咲き陽は照るよ
二度とは返らぬ日々を
君よ　止めよ　ここ
いつかは私がかえる
やさしき母の胸
今は涙　ぬぐいたまえ
いざ歌わんわがケンタッキーホーム

いついつ　いつかえる
懐しわがケンタッキーホーム
いついつ　またかえる

では次に、「峠のわが家」「なつかしきケンタッキーホーム」がどこにあるかみてみましょう。次元表②（79ページ参照）をみて下さい。

地球、ここに私達の現実に住んでいる峠の我が家があるんです。ここからあっち行ったりこっち行ったりして、そして愛を知るんです。愛の重さを知るんです。そうすると横すべりしていくと門が書いてあって、上がケンタッキーホーム。ここでいうケンタッキーホームとは宇宙が産まれ宇宙を産んだ根源の家、我々のふる里、が神界の一番上にあるんですね。その門が、ここ霊界にあるんです。9次元の霊界、ここから上へずうっと入って、やがて上の根源の永遠の幸福のふるさとに入る、その為に今我々は現界に住み峠の我が家にいるんです。幸福な世界と苦しい世界、その峠にあるんです。勿論ここから下の4次元の世界に行き来したり5次元の世界に行き来したり、そうして愛を知っていくんです、罪と罰を受けて。そしてだんだんだんだん進化していって、遂に9次元から彼方にもうひと家、あそこに門、あそこに峠のわが家、あそこに母のふる里があることを知ってて下さい。つの世界の奥にある永遠のふる里、愛のふる里を知る。というふうに、あそこに峠のわが

［現代人への警告］

秘教がもう無い今、現代人のコースは一つだけ、つまり千古万古変わらぬ輪廻転生の道一つですね。歩いて行きます、どこまでも。何万年、いいえ人によっては何億年？　マサカ？……それ程にも愛を極めるのは難しいのです。何といっても、宇宙の根源の一点「すべてのもののいのちは一つ」ワンネス原点へたどり着くのですから。ケンタッキーの門（霊界の入り口門）までだって何千年で行けますかね？

これでは間に合わないのです。今にもテポドン発射、何やらしらぬ大地震、ないとは言えません。今地球が変わり始めています。科学が進歩して、悪いナラズ者もアチコチ、いやウジャウジャいます。という訳で、クルミ割り方式で、クルミが地に落ちて、自力で殻割って芽を出して、大木になるのを待っていたら、地球が先に滅びるのです。

という次第で、秘教に代わる「音の秘教」が今生まれました。

精神次元表②（原「表」は豊田 満氏作制）

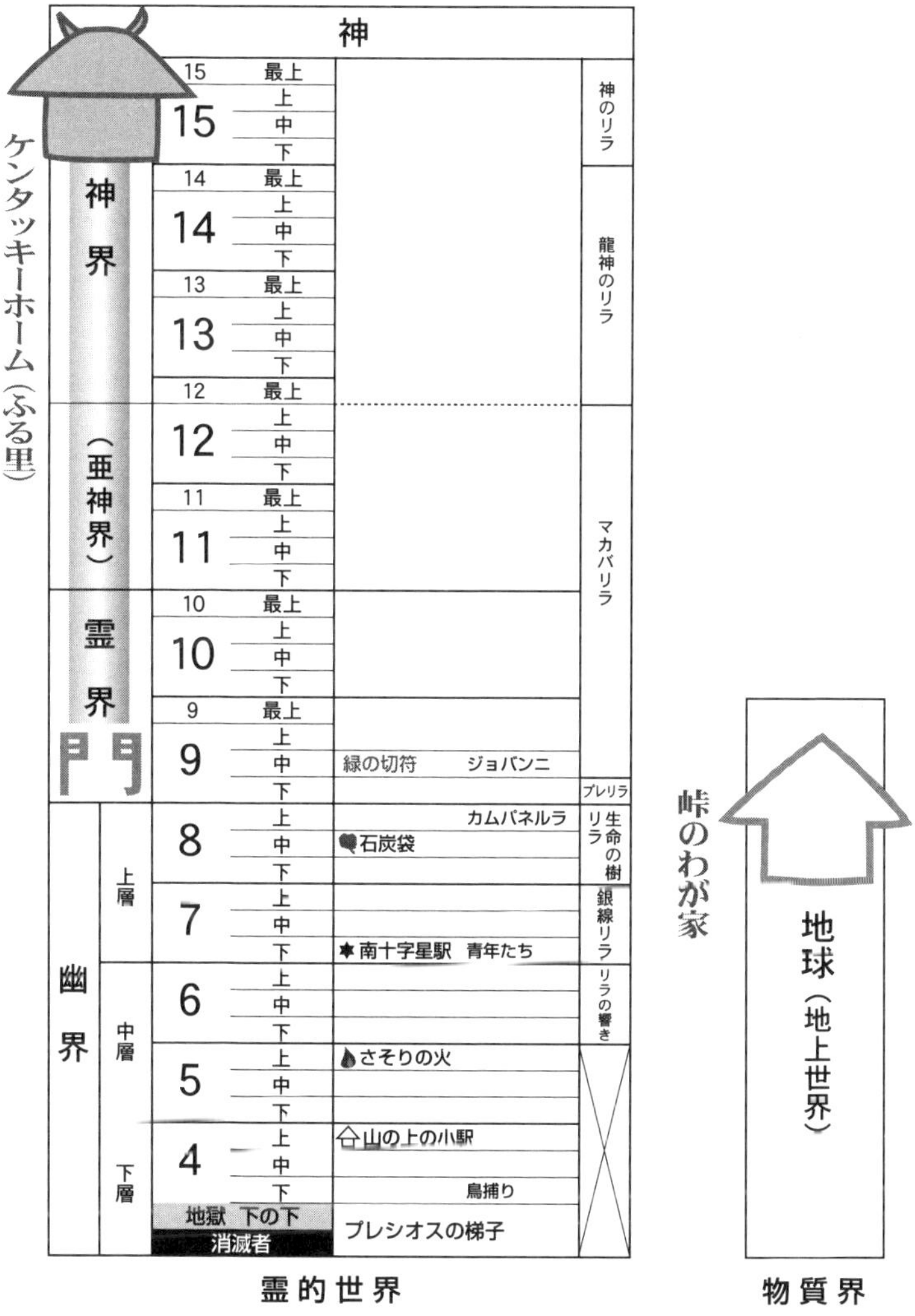

9　リラ自然音楽は超進化コース

1. たちまち進化

もう一度次元表①（45ページ）を見て下さい。表の右側にずっと縦にリラヴォイスの発声段階が書いてあります。今龍神リラまで発声できています。

リラヴォイスとは私共が開発した独特の発声法で、自然音楽はこの声で歌います。リラ自然音楽の癒し効果が抜群に高いのは、一つにはリラヴォイスのおかげです。ということは、リラヴォイスは誰にでも発声できるのではなくて、発声できる第一条件は、魂の浄化、愛の人になることです。従って魂のレベルの高さで七段階あります。「表」には下から〈リラの響き〉、これは右側に書いてある仏教式の魂の進化段階を示す「人間」の段階です。この下が「修羅」でしょう。修羅とはいつも相手と争う動物の段階ですから、動物から一歩出た、人を傷つける争いに強く反省をもち、愛へ心が向くようになると「人間」、リラヴォイス発声が可能となります。そして段々進化、〈マカバリラ〉になると、仏教で言う

「菩薩」（愛のために人生も体も捧げきった人）の段階。現在、第六段階の〈龍神リラ〉まで発声されています。これは釈迦、キリストと同じ、完全な悟りを開いた神人・神々の段階です。全部で七段階リラヴォイスはあります。おそらく〈神のリラ〉は、神ご自身でないと人には発声できないかも分かりませんが。

ご覧下さい、セラピーをするとこんなにはやく精神の次元アップは出来るんですよ。皆さんの中には沢山おいでですね、〈リラの響き〉ができる人、〈銀線リラ〉や〈生命の樹のリラ〉が発声できる方もいらっしゃるでしょう。リラ自然音楽が発生して数年です。リラの響きが発声開発されてまだ丁度十年です。なぜこんなに超々々スピード？の魂の進化が………秘教方式より遥かにはやいですよ。

図9を見て下さい。人が寝てますね。こうして

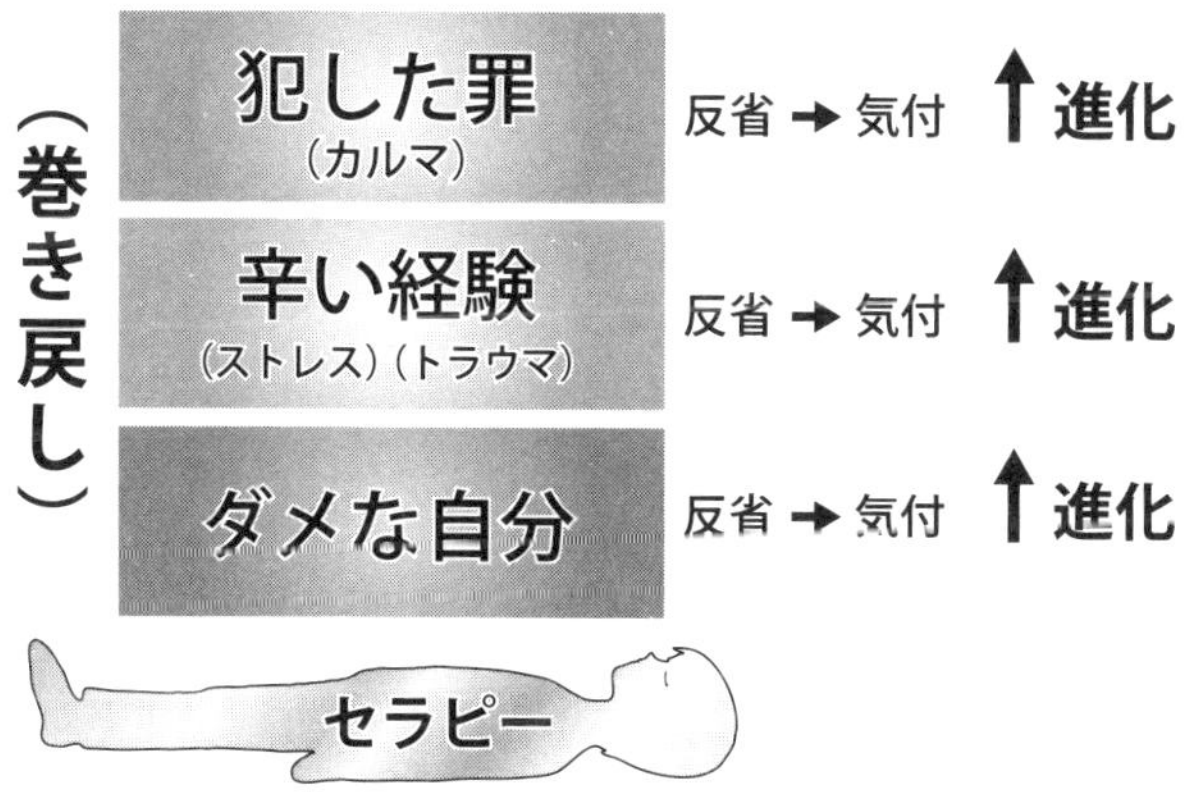

〔図9〕巻き戻し

リラックスして自然音楽を聞いてセラピーを受けます。すると聞いている一時間の間に、色々な心身の浄化が行われます。こうして何度もセラピーを受けてある程度浄化が進むとセラピー中に巻き戻し現象が起こります。「巻き戻し」とは、いわば退行催眠みたいなもので、過去のあるいは前世までさかのぼっていって、自分の過去の嫌な事ストレスとか、トラウマ（心の傷）、またはカルマ（悪い宿縁）までも夢のように、時にはビデオを見るように見せられる、思い浮かべさせられます。

時に前生で犯した自分の罪まで見ます。何か分からないけれど。そうするとどうなるかというと、セラピー中に起こる事に素直にそのままにしていると、つまり（こじらさないと）どうなる？　ダメな自分が見えてくる——そうすると、どうしたって反省をします。そうするとヒラメキ、気付きが起こってくるんです。メッセージがくるように「あ、そうか」と気が付くと、反省がおこってくるんです。自分はこういう災害に遭ったと思ったけれども、実は自分にも原因があったのかと思って反省心が起こってきます。セラピーでは必ずこの反省心が起こってくる、ピカリとひらめき、メッセージが降ってくるようになる。悟りが開いて、進化が起こってくる。前世の忘れた罪もそうです。何か分からないけれども出てきてしょうがない、夢のように映像のように。あるいは気分として、そのうち内部に反省が起こってきて、必ずどこからかメッセージがきます。ひらめき、気付き、悟りが起こってくる。この巻き戻しというのは何度も生まれ変わる輪廻転生で起こることがただ一回のこの人生で、セラピー中に何度も何度も起こってくる。何回何十回輪廻をくり返さないと起きないことが、このセラピーでは起こってきちゃうんです。何回何十回何百回、人によっては分かりませんけど、とにかく何回何十回分かの進化を自然音楽セラピーは行う。心身の浄化、そして巻き戻しが起こる。そしてカルマ、トラウマ、ストレス、ダメな自分を克服していく。それで悟りが起こって、精神の次元アップが起こってくるんです。これが自然音楽で出来るんです。だから急速進化です。山にこもって秘教という難しい学問や修行をやらなくても、寝て音楽を聞くという方法で出来るんです。

2. 早い人はマカバ体化（天使化）

ところが先程次元表で見たように、中にはバッバッバッと急速進化してマカバリラを発声したりするんですよ。マカバリラとはどういうものか、次の10図をご覧下さい。マカバリラを発声するとはどういうことか、（イ）は発声直前、（ロ）は発声開始。（イ）では人体の胸の心臓のところにアオミサスロキシン、スピリットの花が咲いております。（ロ）でこれが回転を始めるんです。そうすると（ハ）のマカバリラ体（後光・光背もつ姿）になるんです。マカバリラを発声出来る人はどういう精神の人かというと、次元表でご覧下さい。次元で言うと9次元中から12次元上でしょう。霊界から亜神界にかけてですね。七大天使級までいくんです。神人になりかけている人、そんな凄いことがなぜ数年で起こるのか。次の11図をご覧下さい。

人体にはチャクラが七つあります。ここからエネルギー（気とかプラーナとか言われるもの）が入ったり、体内で廻転させたりする、大事なエネルギー・センターです。ここチャクラが開くと、精神が進化します。但

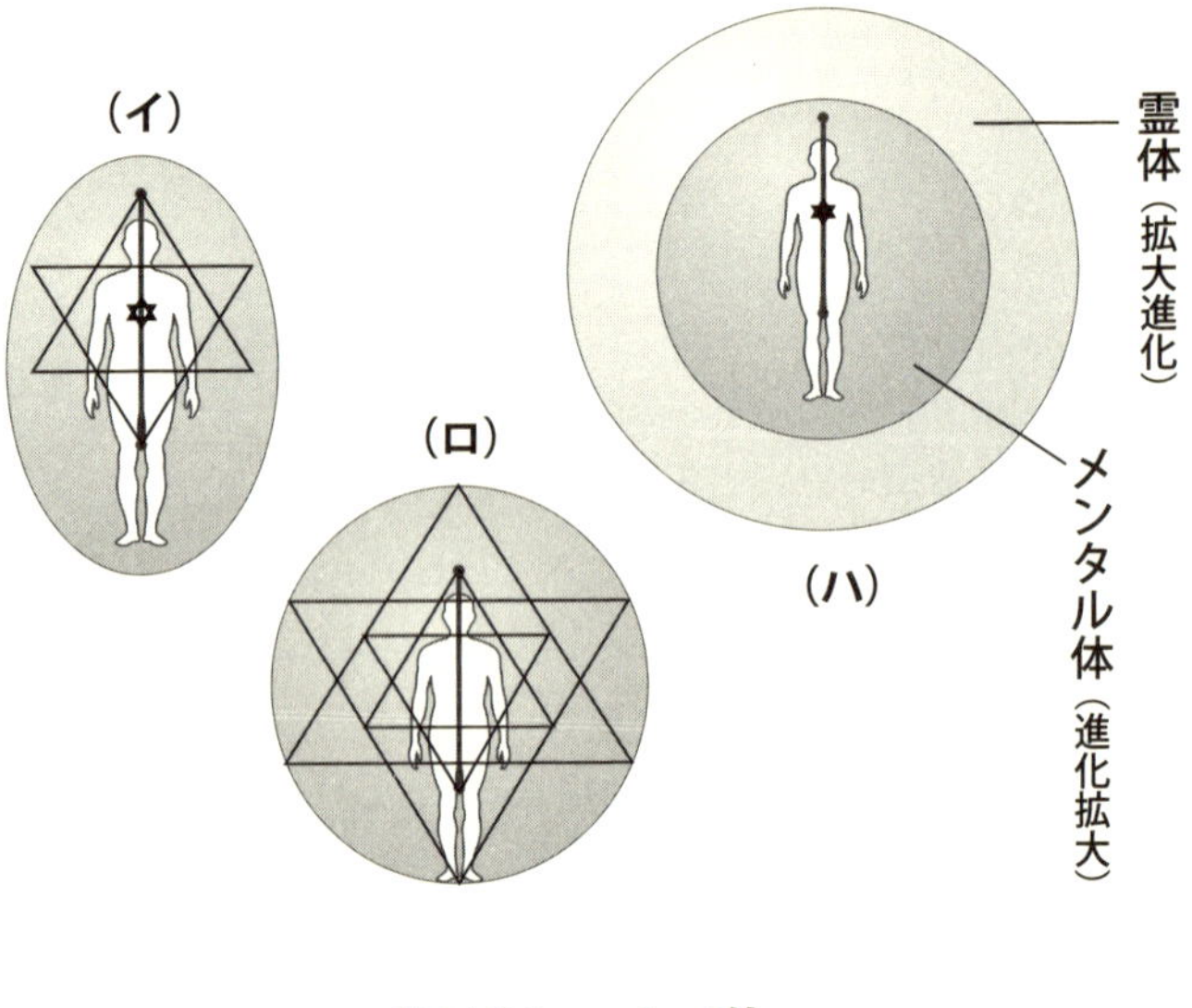

〔図10〕 マカバ体

し人間のチャクラは下の方の三つ、ミズオチから下腹部、尾てい骨の下位のチャクラは皆開かれていますが。上の心臓から上、のど、眉間、頭頂、上位の4つのチャクラはふつうの人は開かれておりません。上のチャクラが開かれると精神の進化が起こってくるんです。しかし上位のチャクラは開かれないんです、ふつうでは、どうやっても。

どうすれば開かれるか。まず心臓のチャクラ胸のチャクラが開かれると、ここがポイントになってそこから上のチャクラが皆開かれていく。胸のチャクラをどうやって開くか、これが難問題。ポイントはただひとつ、愛でひらく。愛でないと開かれない。皆さんのスピリットが愛の結晶体であったように、この

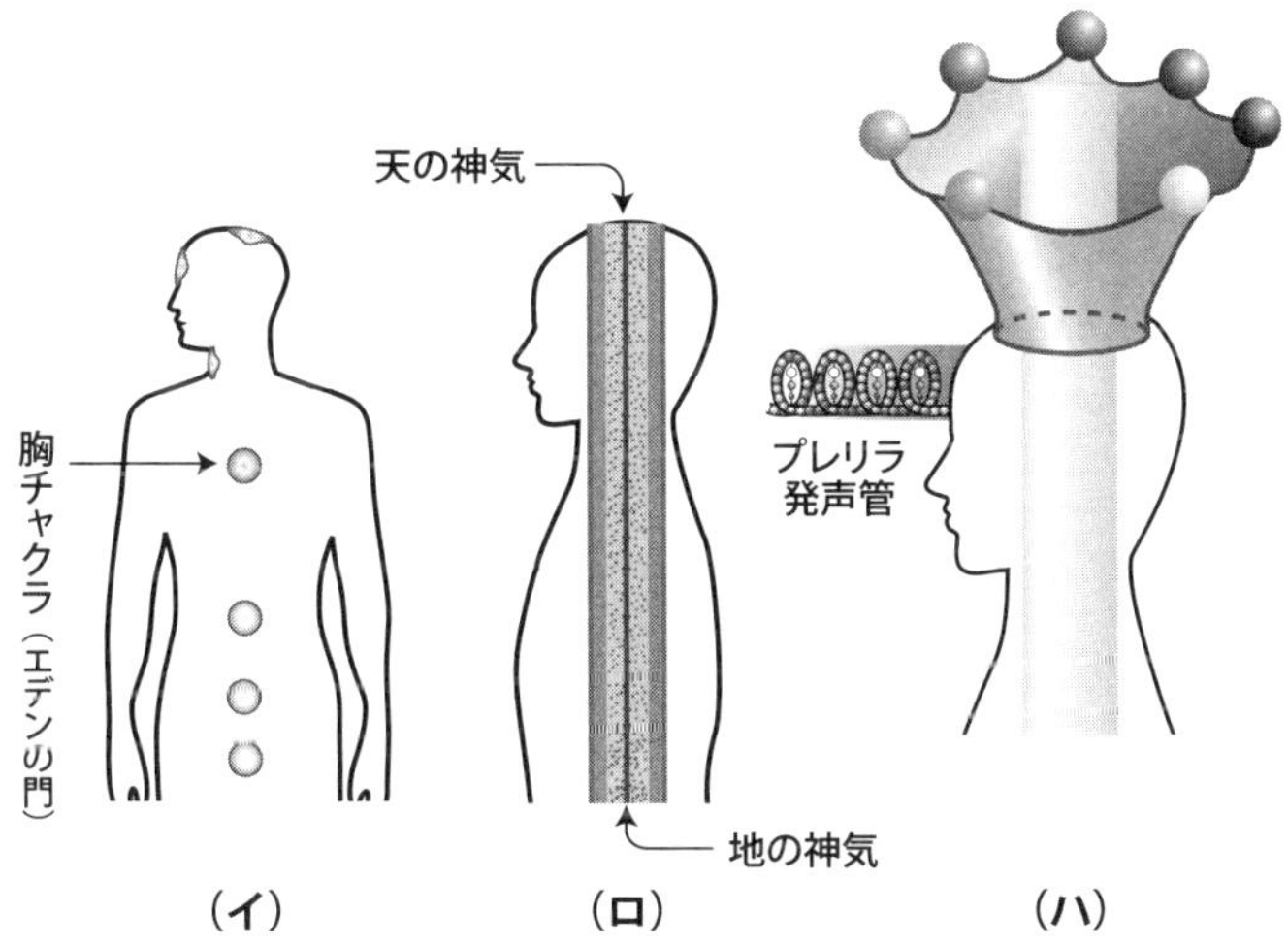

〔図11〕チャクラと王冠

心臓の胸のチャクラは、愛を本人がもたないと、絶対開くことはありません。今、いろんなあちらこちらでやっている修行法の中で、愛をもたずに呼吸法、特殊な瞑想法や鍛錬法でもっと上位のチャクラを開こうとする、これ、こじ開けている。結果は悪い！　愛で開かれないチャクラからは他の邪気が入ってくる。いろんなかたちで開くこと、こじ開けることは出来ますけれども、それは本当の開き方じゃなくて、こじ開けた胸のチャクラからは必ず別の邪気が入ってきます。災いが起きるんです。病気、気が狂うとか、災いとかいろいろ。だから胸のチャクラは、絶対愛でないと開かれない、開いてはいけないのです。

では、どうやって愛で開くか。先程セラピーの第9図で見ましたように、自然音楽セラピーをすると心身の浄化が起こっていって、そして過去の反省をする、するとトラウマが消えていって愛の心をもつようになる。そうすると自然に胸のチャクラが開かれるんです。その他いろんなことがセラピーで行われます、そうすると喉のチャクラ、眉間のチャクラ、頭頂のチャクラ、開かれていくんです。但し単に開かれるのではないのですよ。これが開かれるにあたっては、第11図の（ロ）をみて下さい。人間に柱のエネルギーの通路が出来てますね。柱、人体の柱、普通の人はこの柱が塞がれております。元々痕跡はあるのだけど開かれてない。それは上のチャクラが、つまり胸のチャクラが開かれないと絶対ダメなんです。そして胸のチャクラが開かれると柱が出来る。先ず真ん中の細い柱が発生していく。だんだん上のチャクラが開かれ始めて、愛の人になっていくに従って次に銀線リラの柱が開かれていく。さらに生命の樹のリラの柱が出来ていく。図11はプレリラの柱、太い柱ですね。

この柱がないとダメなんです、上位の三つのチャクラは開かないんです。この柱から神気が上からも下からも入ってくる。この神気が入らないと、上位のチャクラに神気は行かないから、上位のチャクラは絶対開かない。それを開かすにはまず胸のチャクラを開く、胸のチャクラは愛によって開く。これ以外にはダメ。こうやって柱が出来ると、それによって全身のチャクラが次々開かれていく。全身のチャクラがぜんぶ開かれると、人体そのものが一コの球のような、チャクラそのもののようになってきます。そうすると11図の右の絵（ハ）のように頭のてっぺんに冠《かんむり》が本当に出来ます。まるで王様の冠でしょ（王冠は頭頂チャクラが開花した姿）。この冠の台座がだんだん下からできてきて冠が出来て、管（柱）も太くなると、玉が出来る。玉は色が七つあって一つずつついて遂に王冠が完成するんです。この玉が三つ出来ると、眉間からのプレリラの発声が可能になってくるんです。プレリラ発声管の中にラセンがあるでしょ。七色の玉があるはずなんですけれども、最初は光が無色、色がないんですが、だんだん一色二色三色と光を発していきます。三色出るとプレリラになる。四色ハッキリ出るとマカバリラになります。

というように、リラ自然音楽をやりますと、愛によって胸のチャクラが開かれ、そうすると細い柱が出来てリラの発声が始まる。さらに愛がすすむと柱が太くなって神気がどんどん入ると共に上のチャクラが開かれて、遂に全身のチャクラが開かれて行き、やがて全身がチャクラの球《たま》となる。その間に王冠が開かれ、王冠が完成する。人は神人となる。そういうふうにリラの発声が出来てゆくと共に精神の進化レベルも上がっていきます。

3．なぜ、リラ自然音楽でこんな急進化が可能か?

では、なぜリラ自然音楽にはそのような急速な進化が可能かというと、原理は簡単なんです。リラ自然音楽だからです。

「自然音楽」とは何であるかご存知ですね。自然界が歌う愛のうたですね。自然界が何億年も前から歌っている愛の歌です。「リラの響き」とは人間が出す愛の声ですね。「リラ自然音楽」とは分かりますね。愛の人がリラヴォイスで自然界の愛の歌を唄い始めた、人と自然界との愛の交響音楽なのです。ですから次のように言えます。人間の愛の声、胸のチャクラの開いた人はこういう形▽をとります。自然界の愛の声はこういう形△をとっています。父なる母なる自然界の愛の結晶△と、自然界の子供である人間の愛の結晶▽の二つが重なったものが、「リラ自然音楽」。それは重なってこういう形になります✡。そしてそれは協同で回転するんです。それがアオミサスロキシン地球美人花。これが発声できる人はリンゴ様の体になって真ん中に通路が出来て胸に愛の花が咲いた、これなんですよ✡⃝。だから進化するはずですよ。これは生命卵体、宇宙のいろいろな生命の原型体。人間のスピリットが花咲いて、クルミは殻を割って発芽してやがて大きな木にもなる。花も実もつける。その生命卵の体に人がなれるのがリラ自然音楽。自然界の父なる母なる愛、人間の愛――子なる愛、その二つが重なって協同でやるからです。

　原理はこれなんです。人間が生命卵となるんです。いち早くリラ自然音楽で。これを我々は開発しました。偶然ではございません、幾つもの涙、決死の愛の涙で、やっと開発されたものです。ということで、いまや急速進化の道が出来たということを知っておいて下さい。

10

それなのに、人は「自然音楽の門」に入らない、入っても足踏みする

1．まさか音楽で？——知らない　求めない

だのに、こんな優れた進化方式があるのに人は知らない。音楽なんかでそんなに進化するものかと。また人は魂の進化なんてものを求めていない。お金をもとめている、グルメをもとめている、ブランド商品を、美人になること、出世することを。魂の進化なんてものは求めていない、だから振り向かない。リラ自然音楽で進化するよと言っても「何、それ！」

2．入っても、なぜ足踏みする？

ところが皆様はここに入って一生懸命おやりになる。だけれども、どんどんどんどんマ

カバ体まで進化するかというと、そうはいかない、すぐ進化しないでしょ。皆さんリラ自然音楽やってるのに、それなのに進化の足踏みをする人が多い、進化をストップしている。なぜか？

自分がひとり幸福になったら、もうそれでよいと思って安心してしまうから。セラピーすると、心身浄化して病気など治ってしまうし、カルマ、トラウマなくなっちゃうし、家の中もよくなっちゃうし、「あー、これで安心」。そこでストップ。なぜそういう人は進化を望まないのか。

そういう人はワンネスの真理を知らない、ワンネスの法（真理）が宇宙にあることを知らないから。こういう人を私は「ノホホン」と言う。悪い人じゃないんですけどね。でもワンネスの真理を知らない。人と人はつながっている、だから自分ひとり幸せになってもそれはまだ本当の幸せではないんです。他の人が不幸せで黒い幽体をもっていたら、つながっているのだから、いくらでも黒い血が自分に流れてきて、また自分も黒い幽体になっていつか不幸が来る。だからこれは一時的な幸福に過ぎないんです。人と人はつながっているの、人が皆幸福にならないと、自分の本当の幸福はないんです。これがワンネスの真理です。これを知らないから、自分ひとり幸福になって、ああ、良かった、おしまい。世の為人の為に必死で頑張ろうとしない、足踏みをする。こういう人にはいつか不幸がきます、その証拠を見せます。ワンネスの真理を知らない人には不幸が来るよ。

3．その証拠

図12をご覧下さい。これは「リラ自然音楽」二〇〇二年十月号に載っていましたね。地球の核は黄金です。そこにプレシオスの梯子が架かっている。

〈注〉プレシオスの梯子とは、二〇〇一年九月二十三日に地球の地底——地球幽界の最下層にまで下ろされた魂を救済する梯子。これは銀河鉄道と連繋する。これについては

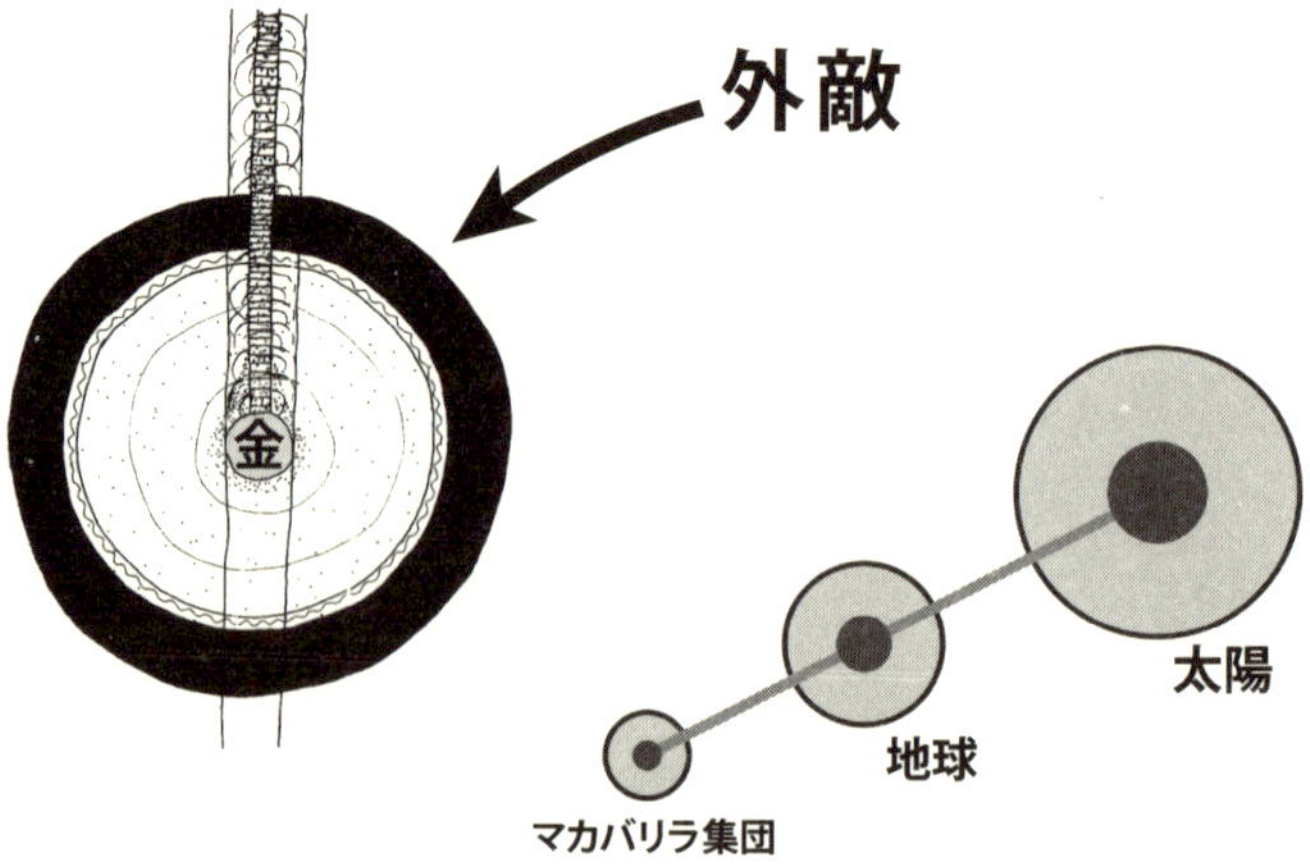

〔図12〕 外敵とリラ連鎖体

後に説明する。

そこに外敵と書いてありますね。何かというと、地球のまわりが真っ黒でしょ、真っ黒なのは何かというと、これ地球の幽体なんです。地球の外殻が真っ黒。なぜか？　私達が毎日エゴイズム《自己中心》で悪想念ばかり出していると、それが地球の幽体の表面にこびりついて真っ黒なんですよ。そうすると外敵が攻めてくるんです。外敵とは何かというとたとえば悪いET（宇宙人）などです。その中の爬虫類系統のETが現に来ております。（注、これについては第三巻で図示説明する）。そのETの元を成しているのは黒い龍です。つまり親分は黒い龍です。その手先に爬虫類系のETがいる、存在する。そんなバカなことを！と思う人はいるかもしれないけれど、現に来ております。龍というのは凄いよ、黒くても。白い龍は黄金のよい龍、神々です。龍神の龍は亜神界、地球守護神などは神界です。その亜神界に匹敵する位の知恵と力とあるのが黒龍です。その親分（地球サタンの主）は神界級の力です。その仲間系統が爬虫類系のETです。今地球にきております。

何をしに来るかというと、地球を支配下に置きたいんです。ずうっと太古から、太古よりもっと前からずっと地球を狙っていたんです。宇宙にはいろんな動きがあって、地球を植民地にしたい、奴隷にしたいと……やられたら地球全体が奴隷化されるんです。

何で入ってくるかというと、人間の作った黒い悪想念の層があると入ってくるんです、波長の法則によって。悪意をもった外敵は波長の法によって黒い想念帯をステップにして中に入ってくるんです。もっと言うと、この悪想念を栄養剤として元気をだしてバンバンバン入ってくる、大きくなる。

今地球は変革期に入っているんですね。よくなる為の変革期ですが、彼ら外敵はよくなられたら困るんです。地球奴隷化できないから。彼ら外敵は地球を支配下に入れ奴隷化しようとしていたから、それで最後の攻めに入ってきたんです。彼らの襲撃はもうずうっと何百万年も前からあったんです。それが今、最高潮に達した。つまり、地球が地上天国になったら困るでしょ、だからその前に何とかしようと入って来た。幸い今、地球には黒い悪想念がこびりついていてそれを足場にして一挙に、黒龍をバックに地球を奴隷化しようと、爬虫類系統のETが入ってきております。やられたら奴隷になります。

なぜ、悪想念帯があるのか、勿論悪人達がいるから出来ますよ。でももう一つ、ノホホンさんがいるからです。自分ひとりこの程度幸福になったらもういいの、というのはノホホンさんです。これ一種のエゴイズムですよ。自分一人の、自分の家庭だけの幸福でもういい、人のことはかまわない。一種の自己中心ですね。だからグレイの波動出している。何もそういう事を知らないから、まだまだ中途半端な人ということです。彼らには悪想念を消す力がないんです、それどころか、グレイの波動どんどん出すから、地球は次第に黒くなる。一種の黒の予備軍。だからいくら自分が幸福になっても役立たずです。こういうグレイのノホホンが家庭にも、政治、経済界の中に沢山いますよね、だからノホホンさんは役立たず、お荷物なんです。

4. でも、一部の決死の愛の人の努力で防げる

もう地球はだめか。しかしこちらの、図12の右の図をみて下さい。太陽が三つ。右から太陽、地球、そして小さい丸は「マカバリラ集団」と書いてあります。マカバリラをやるひと握りの人々がいます。その人々が集団でリラをすると、地球や太陽と核融合を起こすんです。何となればこの人達はスピリット――スピリットは太陽の分身みたいなものですね、――をアオミサスロキシンの華に開きます。すると太陽や地球の基にある太陽と同じ性質のもの⊙になるんです。そうすると、同じものだから核融合を起こすんです。これは

三つのものの連鎖です。これを起こすともの凄いエネルギーを発するんです。エネルギーを発すると、この外敵を焼き殺します。さらに地球のまわりにある悪想念帯を消していきます。このマカバリラを発声する人々、及びこれと協同する人達は決死の愛の人々です。

決死の愛の人々、何が決死かというと、自分を捨てて世のため人のために尽くしたいという人です。これは私にいわせると「ギザギザ」です。ギザギザとはハートが花ビラ化していること。自分のことさえよければいいよという人はノホホンです。決死の愛の人はギザギザです。この人はスピリットが花開いているからです。アオミサスロキシン、生命卵。これをもった体が生命卵体です。だから先程みたように（人間でありながら）太陽と地球と同じ性質のものだから核融合を起こして外敵を消す、地球のまわりの悪想念帯を消していって地球を救うことが可能です。でもこれら一握りの人々だけでは出来ません。この根っこにあるのがもっと大きなリラ集団です。それがサービスリラの集団、あれは伊達《ダテ》や酔狂でやっているのではありません。マカバリラの下にある（元になる）集団、それが「サービスリラ」です。そしてその土台にのっかって篤志家の「有志リラ」集団があるわけです。でもこの（有志リラの）中でマカバリラがでているのはまだごく一部です。核融合は始まりましたが、まだ十分にできていないんです。出来たらこうなるよというものです。

有志が今やっていますが、マカバリラの人、プレリラの人達もいますが、生命の樹のリラの人がまだいまして、この低い方に引っぱられるんです。だから「有志リラ」はまだ生命の樹のリラにちょっとマカバの毛がはえた程度しかない。少なくとも皆がプレリラ以上にならないとだめです。それを盛りたててくれるのが「サービスリラ」が母体になっているんです。「サービスリラ」は一〇〇人とか集まってくれる。それがエネルギー母体になる。レベルアップしていくと、上のひと握りの人がマカバリラになっていくんです。エネルギーの場というものが必要なんです。で、「サービスリラ」はまだ平均して銀線リラ段階です。あれが生命の樹のリラの段階になりますと、その上の篤志家リラがプレリラからマカバリラに変わります。こういう事なんです。だから「サービスリラ」にくる人は決死の人でないとダメなんです。ノホホンの人は役立たずです。

だけど、私リラ出来ないから役立たず？……そんなことはないです。リラが出来なくても色々自然音楽運動の活動をしてくれる人あるでしょ、いろんな下積みの目に見えないところで活動して下さる、仮にリラが出なくても、自分を捨ててやって下されば、サービスリラの更に根元の場です。エネルギーの大きな場、リラ自然音楽の大きなエネルギーの場、それは下積みがあってその上に「サービスリラ」の根っこのリラの場が出来る。その上にひと握りの「有志リラ」の場が出来る。それで皆が決死になる時に、「有志リラ」がマカバリラ集団になっていく、少なくともプレリラ集団になって、地球と太陽と三つが核融合を起こしまして連鎖体になって外敵を焼き殺し、地球の外部の黒いエネルギーを消していきます。今少し起こりかけているけれども、まだ部分的です。もうちょっとすると大丈夫ということで、皆さんが決死で頑張って下されば外敵は防げます。

11 ―― おー大変が来る

1．おー大変とは南十字星以下切り落とし

ではもう安心か。ノホホンさんは安心できませんよ。なぜかというと地球に「おー大変」がやって来ます。地球に大事件、大変革が起こってくるんです、近々に。その時に簡単に

言うとギザギザ——決死の愛の人は救われ、ノホホンは落ちこぼれます、という事が起こる。この事を言う前に、地球の「おー大変」とは何かということをお話しします。

次元表（45ページ）をご覧下さい。7次元の（下）に南十字星駅と書いてあります。もし「おー大変」が来たら、ここより下（6次元以下）が、地球からあの世もこの世も無くなってしまうんです。南十字星駅より上は残りますが、それより下は無くなってしまいます、あの世もこの世も、近々、そう遠くないうちに。これはおー大変でしょう。6次元より下に住む人は、もう住む所がなくなってしまうのですからおー大変です。これを地上天国の到来と申します。地球に近々未来に地上天国が到来しようとしています。地上天国というのは悪い人がいない世界でしょ。言い換えると、この次元表でいうと6次元以下、幽界中層より下がいない世界。下の人がいたら、戦争したり散々悪いことしますから。7次元より上ならば幽界上層ですから、サマーランド以上でいい人ばかりです。ケンカなんかしない、助け合った方が幸せよと知っているんです。ですから地上天国、南十字星以上は残る、下は切って捨てられる。でないと地上天国生まれない。下まで一緒にしていたら地上天国はあり得ない。地上天国が生まれるということは、言い換えると南十字星以下の世界があの世でもこの世でも無くなるということ、そこから上だけが近未来に残る。

2．必ず来る（地球がかつてない光に突入）

なぜ起こるか。次の13図を見て下さい。

地球と太陽と霊太陽がつながっております。核融合のかたちをもって連鎖をしています。そして進んでおります。宇宙中心方向の光源に向かって三つが連鎖を組んで猛烈な勢いで進んでおります。それで地上天国生まれるんです、太陽系全体に。それと共にとてつもない光が、宇宙中心の光源から、これまで私たちが体にも心にも受けたことのない光を受けますから大変革が起こるのです。その光が入らないと地上天国にはならないんです。この光に耐えられない人、要するに南十字星以下の人は住めない、だから切り落とされる。

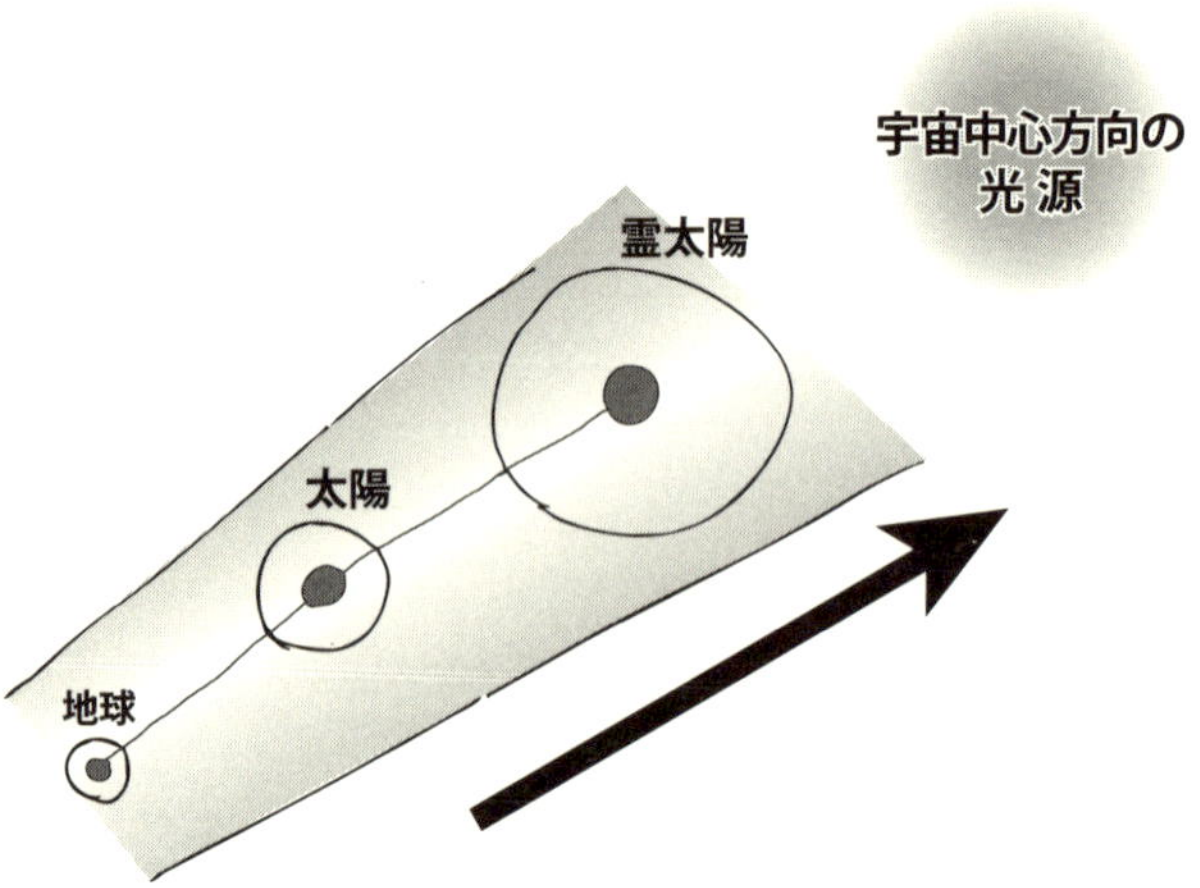

〔図13〕 太陽系の光への突進
（2002.5.3〜7.13　B・Bの霊視図）

このように太陽系そのものに変化が起こっている。勿論地球に起こっている。かつてない光に入ってしまうということが。「リラ自然音楽」の今月号（二〇〇二年十月号）を見て下さい。太陽系に変化が起こって、地球にも気象異変だけでない、いろんな変化が起こっている。光が入りはじめた、それがおー大変です。南十字星以下切り捨てられる。

3．これ、古来「最後の審判」三つに分けられる

このように、やがて地球に地上天国が生まれるということは、昔から知っていたらしい。はい、次に最後の審判14図をご覧下さい。

これは宗教でいうところの最後の審判、

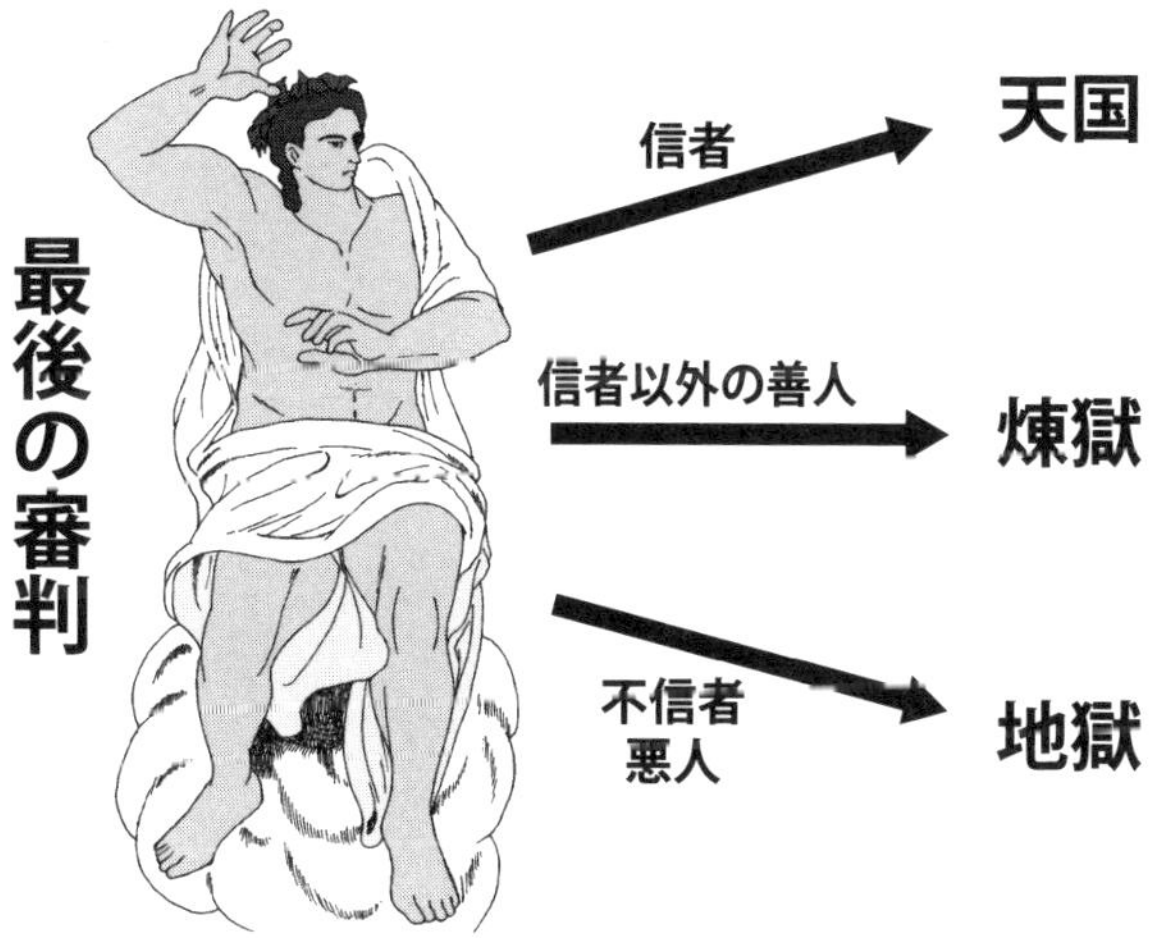

〔図14〕最後の審判

いつか世の終わりの時に最後の審判があるよという、ミケランジェロの描いたキリスト教の教えの図です。イエス・キリストが出てきて、人間が全部呼び集められる、あの世の霊魂も皆呼び集められます。そして裁きをキリストがなさる。キリスト教の信者は天国に入るよ、キリスト教の信者以外の良い人は煉獄（試練の世界、天国じゃない）、それから不信者、キリスト教に反対する人や悪人は地獄におちるよ。三つに分けられると言っている。これは正しくありません。何が正しくないのかというと、キリストが裁くのではありません。自分が裁くのです。合っている所は、三つに分けられるというところです。

但し、キリスト教の信者か非信者かで分かれるのではない。魂の浄化程度によって厳密に三つに分かれるのです。それから、「地獄」となっているが、正しくは「魂の消滅者」です。つまり魂が吹き消される、魂の死ですね。もはや人間ではなくなる。人間でなくなるなら楽だ？　とんでもない！　生命の原子にかえります。人間というものは進化すれば思いもよらない見た事もない素晴らしい世界に入っていけるものです。それを捨てるのですから、最大の宝を捨てることになるんですね。

キリスト教でまあこういうふうに言っている。三つに分けられると、大きく分けると天国に入って救われる人と、下の二つは救われない人、救われる人と救われない人の二つに分けられるという点では合ってます。では、正しい最後の審判とは――。

4. あなたはどちらか？

自作の詩の朗読をします、「日暮れから、夜明けまで」。これ「最後の審判」の詩です。ギザギザとノホホンが相撲をとる詩です。そして人類が二つに分けられるという詩です。ギザギザが勝って勝ち残る。ノホホンは負けてベソをかく。貴方はギザギザですか、それともノホホンの方？

日暮れから、夜明けまで

ノホホンとギザギザが
相撲をとっている
土俵は地球だから
せまくない

どちらが勝つって
決まってるじゃないか
ノホホンさと
ノホホンが言う

笑ってる方はギザギザで
ノホホンが
地球の回転で日が
暮れはじめると、べそをかく

　ノホホンとギザギザが
　　相撲をしている上で
天使たちがバタバタ

羽をさせている
妖精たちも　最後の
地球の相撲興行
なので　見にきている

日が暮れるまでに
あっさり決まろう

奥の手は何もない
ギザギザが人間の一番
奥から自分がギザギザ
ですと　神の掌《てのひら》の内側
を見せるとき

夜明けが一緒に来て

そうだと証言するから
それなりになってしまう

これは予言の詩です。私の詩は警告と予言の詩が多いのです。これもその一つです。書いたのは（一九九五年六月十一日）、それはリラ自然音楽が発生する三か月ほど前（注、リラ自然音楽の誕生は、一九九五年九月十二日、青木宅で）。その頃、マサカ自然音楽が生まれて、人類の魂の急進化が起こるなんて考えていません。まして、おー大変が来るなんて、最後の審判が来て、地球人が三つに分かれるなんて？

詩ですから意味がお分かりになったかどうか……要するに、夜明けは来るよと言っています。地上天国来るよ、その時にノホホンがべそをかいて、ギザギザは勝つよと。ノホホンはべそをかく、つまり救われないと言っています。ホントかしらん、本当です。

5．でも、救いの列車くる——これが本当の最後の審判

〈1〉全員乗せる

15図銀河鉄道の図を見て下さい。これが本当の最後の審判です。列車が二つありますね。下が普通軽便列車、上が特急列車。左下にプレシオスの梯子、この下は地獄、地球の底地獄に架かっています。なぜかというと、地獄に架かっているからどんな魂でも登っていけるんですよ、そして列車に乗るんですよ。但し、登りたくない人は登らなくていいんですよ。総ての魂と人が登る為に梯子を作ったんです、地獄まで降ろしたんです。大変でしたよ。だから、すべての人が乗れるんです、軽便鉄道に。乗りたくない人は乗らなくていいんです。乗らない人はどう

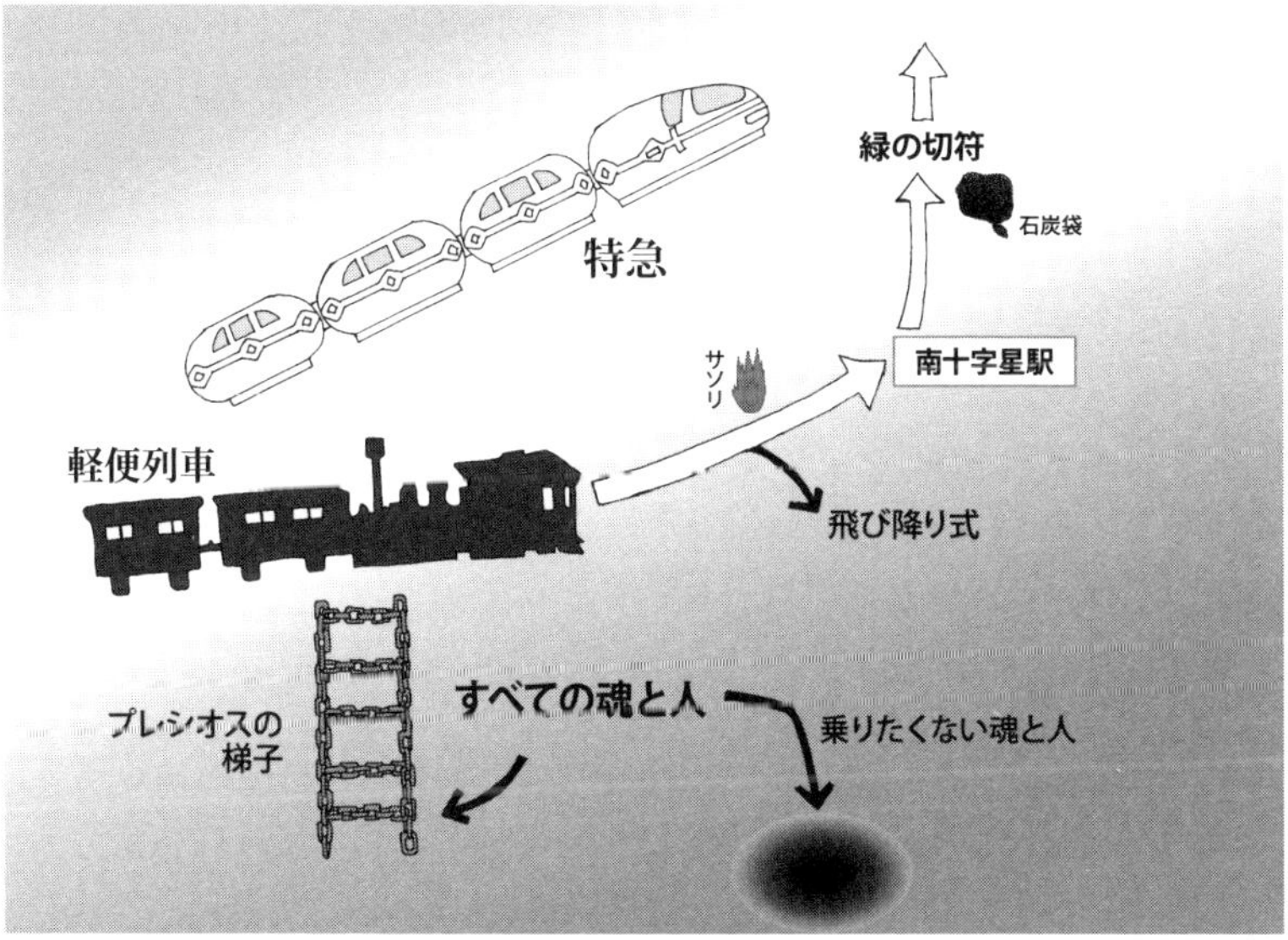

〔図15〕銀河鉄道

なるかというと、魂を吹き消されるんです。人間でなくなるんです。原子にかえる。

（注）「銀河軽便鉄道」について

二〇〇一年九月二十三日（秋分、彼岸の中日）、銀座ヤマハホールで山波言太郎の講演会「変革の風と宮沢賢治」。その日に賢治の童話にある『銀河鉄道の夜』の銀河鉄道が、現実に地球から宇宙空間へ向けて発車しました。奇しくも二日前から、青木由有子の耳にある音楽が聞こえてきていて、それを聞きとると、九月二十三日に一つのまとまった音楽になりました。それがピアノ曲「銀河軽便鉄道最終下り列車」。実は、その一か月ほど前に、ある人が、あちらの世界に急に旅立ちました。その人はプレシオスの梯子を地底に立てに行ったのです。地底で赤い羽の天使になって。しかし奇しくも、その人の名は七十六年前の宮沢賢治の詩「三六九――岩手軽便鉄道七月（ジャズ）」（一九二五・七・一九作）の末尾にちゃんと書き記されていました。

尊敬すべきわが熊谷機関手の運転する
銀河軽便鉄道の最終の下り列車である。

詳細は、山波言太郎著『変革の風と宮沢賢治』（でくのぼう出版）、及び同名のパンフレットもあり、参照のこと。

〈2〉飛び降りる人——地上天国入る人——更に神人化する人

乗る人はどんどん上へ行くんです。乗るとどんどんどんどん上へ行く、「飛び降り式」とあります。何だろう？　飛び降りていいんです。あそこにサソリの火が燃えております。サソリの火の手前で降りちゃうんです。サソリの火って知ってますか。宮沢賢治の童話の中に書いてあります。サソリは今まで虫を食べて生きていたけれども、いたちに追いかけられて井戸に落ちて、命からがら助かって、初めて今まで知らずに虫を食べて生きていたけれども、あー、虫だって私の今のように大変だったろうなと分かるんです。それでサソリはもう二度と虫を食べない、虫を食べて自分さえ幸福ならそれでいいと思っていたけれども、食べられる虫だって大変だ、もう虫を食べない、飢えて死んだっていい、という気持ちがサソリの火となって燃えた——その前に、その前で飛び降りていいんです。なぜ飛び降りるかというと、自分ひとり幸福になればよい、人と一緒に幸福になることを望んでいない、そういう魂は飛び降りちゃう。言い換えると、この軽便鉄道は皆一緒に救われてのぼっていく列車です。皆がすくわれてのぼっていくの嫌だ、私ひとり救われたいよという人は飛び降りちゃう、自由意志によって。サソリの火の前で飛び降りる。

それで、サソリの火を越えた人、「いや私は皆一緒に幸福になってもらいたい」という人は、列車に乗って南十字星駅に着くんです。この軽便列車、ストップします。この上が地上天国です。これから下が切り捨てられます。

はい、また列車は上へのぼっていくんです（注、ここから列車は特急です）。どんどん天の果て、15次元の上まで行きます。図の右上の方に「石炭袋」が描いてあって「緑の切符」と書いてあります。石炭袋——『銀河鉄道の夜』では、ジョバンニとカムパネルラがみんなの本当の幸福をさがすためなら、ぼくあの恐ろしい石炭袋に落っこって死んだっていいんだ、あの石炭袋越えていこうと約束するんです。決死で他者《ひと》の本当の幸福をもとめるために。だから石炭袋をこえた人は、決死の本当の愛の人です。ギザギザの人です。その人は皆「緑の切符」をもらうんです。宇宙はどこまでも高く遠く行ける。そうするとその特急列車に乗ります。列車は軽便と特急と二本はしっています。特急に乗って緑の切符をもって、愛のふる里へ、15次元の彼方に向かって走っていきます。神人、天使ですね。

このように人は三つに分けられる。乗りたくない人は自由意志で乗らなくていいよ、但し魂は吹き消されるよ。乗りたい人は自由意志で全部乗っていいよ、但し途中で自分で勝手に飛び降りる人がいるよ、皆で一緒に幸福になるのは望まない、自分ひとりが幸福になればいいと思う人は飛び降りる。地球は南十字星以下は無くなるから、こういう人は地球に住めなくなるから、どこか別の星、まあ試練の煉獄の星へ行って住むことになります。南十字星へ行った人は、ここからが地球の地上天国になりますから、乗った人は総て地球の地上天国に住む人になります。更に石炭袋を越えて緑の切符を持って進むギザギザさんは、我が懐かしいケンタッキーホーム、霊太陽の最高の幸福の天上へ走っていくことも可能になった、そういう列車が出ました。

それが今回の最後の審判、さっき出したキリスト教でいうあの審判は本物ではありません。但し救われる人と救われない人が出る事は本当です。三つに分かれる事も本当です。しかしそれはキリストが裁くのではありません、自分が裁くのです。梯子に乗るか乗らないか、自分で決めるんです。そうすると、滅びる人滅びない人、乗っても途中で飛び降りる人、自分だけまあ幸福になればいいよというノホホンさんは他の低い惑星に行く。皆と一緒に幸福になりたいと自由意志で思う人は南十字星駅に着いて地球の地上天国へ進むことになる。さらに自由意志でもっと人の為にと石炭袋を越える人は、宇宙の中どこへも行ける緑の切符を持って、天使として宇宙で活躍する人になっていきます。

というふうにこの近々未来の地球に、このような最後の審判が起ころうとしています。その最後の審判事業を行う為に、実はこの銀河鉄道を「リラ研」は走らせて、お手伝いをしていますよということです。

銀河鉄道は全人救済を目的とした列車です。全人が乗ってくれれば救われるんです。但し乗っかっちゃったら眠っていれば地上天国へ行くというものではありません。すべて自分で裁くんです。キリストが裁くのではありません。何によって裁くか？　愛があるかないか、自分ひとりの小さな愛しかない人は飛び降りる。皆と一緒にという大きな愛のある人は地上天国に入る。更に自分を犠牲にしても、人のため地球のため銀河のために尽くしたいという人は緑の切符を持って、天使のように変わっていく。自分で裁く、自由意志によって、愛があるかないかによって、愛が多いか少ないかによって裁く。そして無限に進化していく。しかも数年で天使のような神人化していく。かつてない秘教方式よりも、もっと優れた方法ですよ。

誰でも出来る、リラ自然音楽を歌えばいい、寝て聞けばいいんです。それはさっき申しました自然界の愛と人間の愛の二つの愛の結晶が重なってリラ自然音楽という生命卵体を形成したからです。涙によって、そうやって銀河鉄道を発車させたんです。

6. なぜ、この銀河鉄道発車させられたか

何で銀河鉄道を発車させたか、おー大変がくるからです。間に合わないから、全人を救う、そしてどこまでも行くスピードコースをつくったんです。但し眠ってれば誰でも他力によって運んでもらうというものではないんです。自力によって進むんです。乗るか乗らないか、飛び降りるか飛び降りないか、もっと進むか進まないか、自発心、クルミの中の芽、スピリット、内在の自発力だけがものをいう。愛によって裁かれるんです、愛が多いか少ないか。なぜならスピリットの本性は愛なんです。太陽の本性は愛です。宇宙の霊太陽の本性も愛です。それから受精卵と申しました、人の六〇兆の細胞を生んだ受精卵の核もスピリットにあたるものですね、愛なんです。愛によって協同して結成されたものなんです。愛は自発心によって発揮される、どこまでも進んでいく、超スピード進化コースも可能になってきたんです。おー大変がもうそこまで近づいてきたから。次の詩みて下さい、これも私がリラ自然音楽を開発する前につくった詩なんです（一九九五年七月九日作）。

黎明の迎え方

一人、二人、三人と

（天使のみ名を）
お呼びしてみたが
羽の数がせわしなく
バタバタして地上の計算器では
カウンターできない

それで舌で手につばきつけて
ひ、ふ、み……よ、いつ、む、な
や、こ、と……モチロラネと
数えはじめていたら
いつしか地球に夕暮れが来ていて
後から来た人はゴメンネ

夕暮れの鐘って、けっして鳴らない
聞きはじめが聞きおさめの一点鐘だ。

神が鳴らされるのでもないから
誰にも文句いえない

夜明けを待っていた人たちにだけ
その時、耳のせんがはずれて聞こえる
耳だれの出ないほどにオカルトの本は
ほどほどにしておけ

サイババもマイトレーヤもいない
つつぬけで神の声は聞こえる仕掛けが
今、地球トンネルとして、掘られてる
　あの音聞こえるかい
アイ、I《あい》、愛と書いて何と読む?　クエスチョン

この詩は、まさにこの銀河鉄道事業のことを見事に言っているんだということを、私は

ごくごく最近になって分かった。以前は分からなかった、書いても何の詩かその時は分からなかった。特に最後の「アイ、I《アイ》、愛と書いて何と読む？　クエスチョン」は分からなかった。ごく最近になって分かりました。今になってそれが現実となってあらわれてきました。まさに警告の詩かなと。

ちょっと説明しましょうね。

〈1〉一点鐘――夜明け（地上天国）を待った人にのみ聞こえる

夜明けを伝える鐘、一点鐘を聞く人は救われ、一点鐘を聞かない人は救われないと言っているんですよね。夜明けを伝える鐘は一点鐘、一回しか鳴らない。一度「ボーン」と鳴る鐘、夜明けを伝える鐘。夜明けとは要するに地上天国。地上天国を伝える鐘は一回しか鳴らないよ、聞いた人は地上天国に入るよ、救われるよ、聞かない人は入れないよ、という訳ですね。だけど、神さまが鳴らすのではないよと言っているんです。誰が鳴らすんでしょうね？

夜明けを待っていた人には聞こえると言っています。地上天国が来ることを待ち望んでいた人は聞こえるよと言っています。さっきの銀河鉄道（15図）見れば分かります。地球の地獄の底までプレシオスの梯子が下ろされた。登りたいと思ったら地獄の亡者でも登っていいいんですよ。登りたいという自発心を起こす人は一点鐘を聞いた人。地獄の亡者といえども、地上天国が到来して救われたいなと思う人は皆のぼっていいんです。地上天国待ち望む人は自分で鳴らすんです。

一点鐘は自分が鳴らす
地上天国を待ち望む心が
だから自分の耳にしか聞こえない

すべて一点鐘を聞く人、それはすべて救われる人、だけれども、後は自分で裁くんです。乗っかっていって、サソリの火いやよという人は飛び降りるんです。いや、皆と一緒に地上天国に入りたいよという人は南十字星まで行って、入っていいんです。愛のあるなしで乗りたい人は乗っていいんです。乗りたくない人、……地上天国に反対する人がいるんです。信じない人「そんなバカなことあるか!」とか。それから「地上天国はない方がいい、今の地球の方がいいのよ」って心の中で言う人。憎まれっ子世にはばかると言い、いいイスに座っている人、お金があって地位があって肩書があって頭もいい人は、他の人を支配下に入れて威張っていた方がいいんです。今の地球の方がいいんです。特にエリート層の中にいる。エリート層はそうなり易い、庶民はなりにくい。何もないから地上天国きた方がいいと思い易い。先程地球のまわりに黒い層がありましたね（12図）、あれは相当部分はエリート層がつくっているんです。だけどいいニュースありましたね、ノーベル賞をもらった科学者田中耕一さん。デクノボーですね、役員になりたくない、平社員がいい、研究したいから。博士号すぐもらえるのにいらない、ノーベル賞もらうつもりなんかなかった、もらったら胃が痛くなった。会社のために世のため人のためになる研究したい。初めて完全なデクノボーが出てノーベル賞をもらった、第一号です。地球が変わってき始めた、すばらしいニュースだと私は思いました。

〈2〉地球トンネル――「あの音きこえるかい」――リラ自然音楽で作られたトンネル

この詩に神の声がつつぬけになる地球トンネルが掘られているとありましたね。

サイババもマイトレーヤもいない
つつぬけで神の声は聞こえる仕掛けが
今、地球トンネルとして、掘られてる

その音何の音？　聞こえるかい？　神の声がきこえる地球トンネルって何だ？　神の声が聞こえる地球トンネルが今掘られているよ、だからマイトレーヤーやサイババ、超能力者は必要ないんだよ。マイトレーヤーとは救世主、つまり特別の「オレ救世主」と言ってるような救世主もいらないのよ。だって地球トンネルが掘られているんだもの、神の声が直接聞こえるんだもの。その音がきこえるかい？　面白いですね。あの音ってリラ自然音楽です。リラ自然音楽によって神の声が聞こえる地球トンネル。もうサイババもマイトレーヤーもいらないよ。あなた、この地球トンネルの中に入って行きなさいよ。バババ…と急進化して救われるよ。

16図見て下さい。これ（図の左下）地球なんです。中は黄金になっていますね。このイモ虫みたいなの、これトンネルです、地球トンネル。これどこに向かっているかというと、これはプレアデス方向にあるピンク光源。ピンクとは愛ですね。愛の光の源に向かって地球トンネルが掘られているんです。この中を銀河列車、ここにプレシオスの梯子が架かって銀河鉄道が走っていくんです。途中で特急に乗り換えて、宇宙の中心にある黄金の光の中に入っていく、これ地球トンネルです。これが今出来ていますよと。この地球トンネルはなぜ出来ているかというと、リラ自然音楽で出来たんです。コンサートや講演会のある度に出来ていったんです。目に見えていませんけどね。

　光の柱が地球を貫いてずっと光源の方まであるんですよ。全体つながっているんです。光の光源である霊太陽からずうっと地球につなげたんです。い

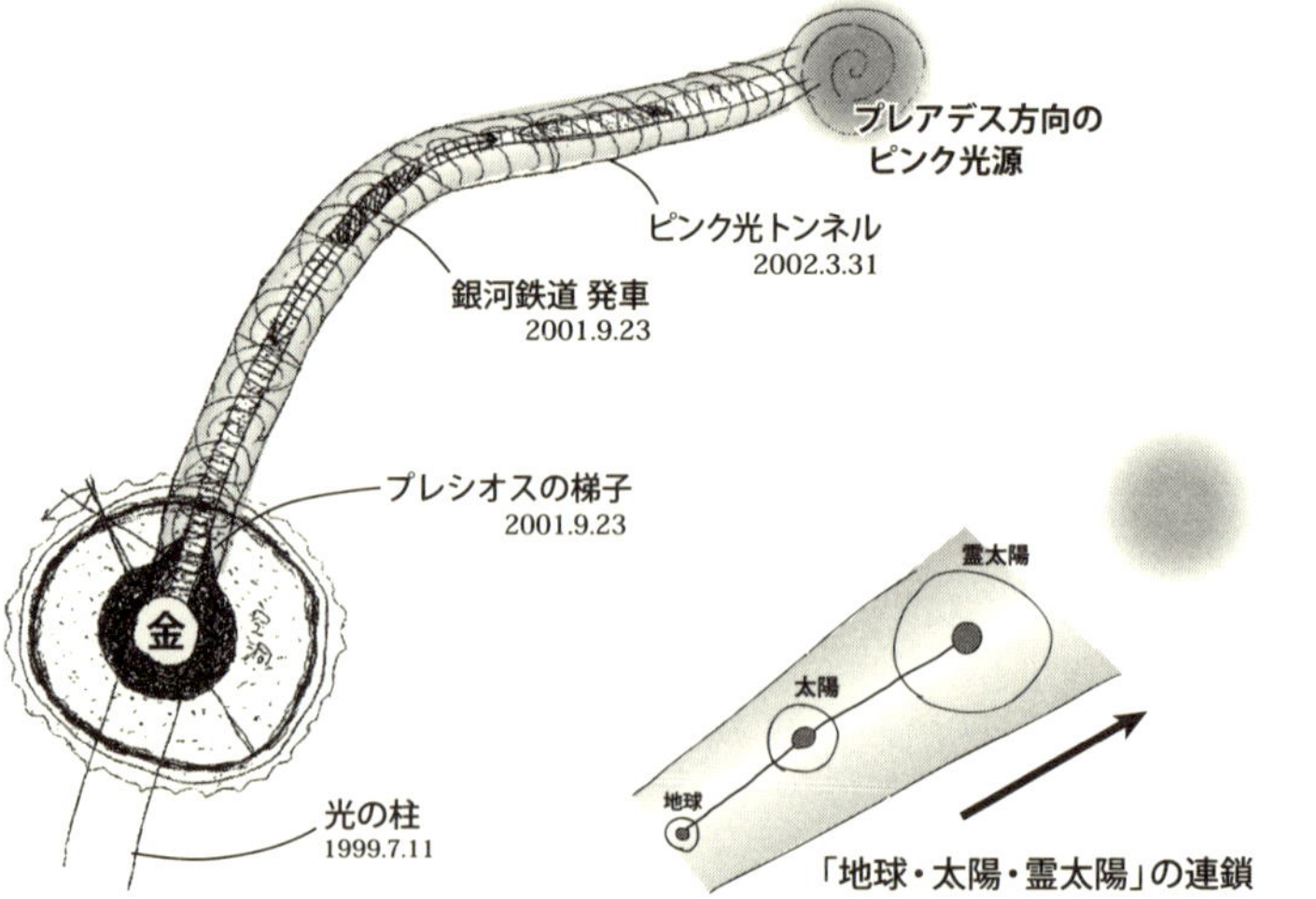

2002.3.31コンサート。　B・Bの霊視図

2002.5.3～7.13　B・Bの霊視図

〔図16〕 列車の準備

つつなげたかというと、一九九九年七月十一日です。ご存知の方もおいででしょう、「デクノボー革命」と申します。それまでオリオンの暗黒部から黒いへその緒で地球はつながっていた、そのへその緒を切断したんです。そして神の白いへその緒に切り換えたんです。それがデクノボー革命です。これ光の柱です、神につながる、それが出来たので、初めてプレシオスの梯子が地底に架けられたんです。架けに行ったのがKさんです、赤い羽の天使になって。架けたのが昨年（二〇〇一年）九月二十三日講演会（「変革の風と宮沢賢治」）の日、その日に銀河鉄道も発車しました。

これにピンクのトンネル、この光の柱の上にピンクのトンネルがあるんですよ、ずっと被《かぶ》さっている。上の方のピンクの光の光源から光をもってきて、愛の保護の光のトンネルなんです。これがあると外敵が襲来したり妨害が起こったりしても、この銀河鉄道は大丈夫なんです。そのピンクのトンネルを作ったのが二〇〇二年の三月三十一日のコンサートです。それが図の中に書いてあります。

銀河鉄道が安全に走るためにはエネルギーが必要なんです。この列車を助けるエネルギーが必要。それが図16の右の図です。地球、太陽、霊太陽の連鎖、地球は太陽と宇宙中心の霊太陽と結びついた。これがあって（これが核融合ですね）、エネルギーが列車に入るんです。いつつくられたかと言うと今年（二〇〇二年）の五月三日のコンサートです。あの時に、現実に地球そのものが惑星連鎖を致しました。そして七月十三日、この核融合の連鎖が出来たんです。これでもってエネルギーを送るので、どんどんどんどん列車は進められることになったんです。ただし、神の源とつながる地球トンネルが出来ている、リラ自然音楽で出来たんですよ、ということを私はリラ自然音楽が発生する二か月前に（注、今日より丁度七年前に）、どうも詩で書いていたみたいですね。

〈3〉「アイ、I《アイ》、愛、クエスチョン」

そこまでは解釈できましたが、どうしても分からなかったのは詩の最後のところ――

アイ、I《アイ》、愛と書いて何と読む？　クエスチョン

今まで地球トンネルが掘られたり作られたり、一点鐘を聞いた人が救われるというようなことがなぜ起こるのかというと、これだというんです。

アイ、I《アイ》、愛と書いて何と読む？　クエスチョン　これが解けたら分かるよというんです。

何で銀河鉄道が走ったの、なぜ一点鐘が鳴った、最近やっと分かった。人の名前です。秘教方式を産んだ、秘教学校をつくった祖の名前がアイです、何万年も前のこと。それからI《アイ》は英語でわたくしです。愛は愛で。「アイ、私は、愛よ」というのがアイさんが開いた秘教の教えです。根源の真理。アイというのは愛の結晶体、私は霊であり神であり愛の結晶体。つまり「私はアイ」。即ち「私は神、わたしは霊」、そして「霊とは愛の結晶体」、ということを知ることが秘教の根源の真理です。これを知る時に、銀河鉄道も出るし全人が救われるんです。但し愛によって自ら裁いて救われるんですけど。

この真理を銀河鉄道に実現して、地球トンネルに掘って、一点鐘を聞いて、皆で乗って大急速で進んでいけば、近々未来に起こる「おー大変」も地上天国化の時に間に合うよ。そうでなかったら新しい光に心身が対応できなくて、大惨事になるよ。地球上の変革もいろんなものが起こってくるから、その前に大急ぎでアイさんが秘教学校を開いた原理、「人は神」の真理を世の中に普及して、これでもって銀河鉄道をつくろう。そうですよ、そういう訳で私達は「人は神」の原理にたってリラ自然音楽をつくったんです。

そうですよ、リラの響きは「人は神」の原理にたって初めて発声できたんです（注、一九九二年の春）。リラが発声できたら「人は神」の決死の愛の人が自然音楽を生んだんです

(注、一九九五年九月十二日、青木家で)。リラ自然音楽は人は神の真理の結晶から出来たものです。これでもって銀河鉄道も発車させられたのです(注、二〇〇一年九月二十二日)。それから宮沢賢治がつくった銀河鉄道のコースを守るために、さっき言ったような地球トンネルも作っていったんです。先ず、地球トンネルを掘るために最初に、オリオンの黒いひもを切断して、そして地球のへその緒を神からつながる光の白いへその緒に変えたのです(注、デクノボー革命一九九九・七・十一)。それで銀河鉄道を発車させ、プレシオスの梯子を架けて銀河鉄道を走らせた(注、二〇〇一・九・二十三)。そしてピンクトンネルで光の白いへその緒を保護した(注、二〇〇二・三・三十一コンサート)。それから地球と太陽と宇宙霊太陽との連鎖をつくってエネルギーを注入することにした(注、二〇〇二・五・三コンサート~七・十三)。

こうして超スピードで全人が救われ、全人が愛によって自らを裁き、そして大いなる愛をもつ者は神人(神のような人)に急速になっていくコースがつくられたんです。

これが「アイ、I、愛」、がひらいた愛のコース、神の道(神ながらの道)を実現するために以上のことが行われたのです。今や地球トンネルも掘られてる、銀河鉄道も走ってる、リラ自然音楽も生まれた。以上がひみつを解く＝クエスチョンを解くとそういうこと。

人は神である、この道はアイが開いた秘教学校根源の方式です。それを私達はリラ自然音楽でおこなってきました。今も行われています。ですから今から急速に数年でマカバ体にまで神人にまで急速に進化できる。そうしないと間に合わない。近い未来にお～大変が起こる。地上天国化されて、さっきいった南十字星駅から下が物質界もあの世も消えるんです。そのためにこの真理を適応して、大急ぎでこの仕事をして、……あと数年つづきましょう、長くて十年。これ迄に（注、今日までに）銀河鉄道を走らせて、プレシオスの梯子をたてて、赤い天使が地獄で一生けん命やってます。大変な仕事だ、この前言った高齢で亡くなった方も梯子の上で列車に乗る乗客係の仕事をしている。そういうふうに仕事は行われています。お～大変にそなえるために。

以上が今日の講演のお話です。では次回はどのようにしてこのリラ自然音楽を生み出すまでやってきたか。銀河系の歴史、アトランティスの悲劇、そしてエジプトからヘブライから、現代にわたる壮大な、しかし七つの涙でいろどられた歴史の話をしてみます。それから今後どうなっていくか、どう生きたらいいか、それから第三回では「お～大変」とは何か、そういう問題へと話を進めて行きましょう。

参考文献

・『神霊主義』浅野和三郎著（でくのぼう出版刊）
・『スピリチュアルな生き方原典』脇長生述（でくのぼう出版刊）
・『人は永遠の生命』桑原啓善著（でくのぼう出版刊）
・『デクノボー革命』上・下　桑原啓善著（でくのぼう出版刊）
・『変革の風と宮沢賢治』桑原啓善著（でくのぼう出版刊）
・『変革の風と宮沢賢治』パンフレット　山波言太郎著（リラ研自然音楽研究所刊）
・『フラワー・オブ・ライフ』第一巻　ドランヴァロ・メルキゼデク著　脇坂りん訳㈱ナチュラルスピリット刊）
・『音楽進化論』『続・音楽進化論』山波言太郎著（でくのぼう出版刊）
・『天使への道』山波言太郎著（でくのぼう出版刊）
・『山波言太郎朗読詩集』（でくのぼう出版刊）
・詩集『夕暮れの歌、夜明けの歌』桑原啓善（でくのぼう出版刊）
・詩集『アオミサスロキシン』桑原啓善（でくのぼう出版刊）

山波《やまなみ》 言太郎《げんたろう》（本名・桑原啓善《くわはらひろよし》）

1921年生まれ。詩人、心霊研究家、自然音楽療法研究家。1942年心霊研究の迷信を叩こうとして「心霊科学研究会」に入り、逆にその正しさを知りスピリチュアリストとなる。1985年「生命の樹」団体を結成しネオ・スピリチュアリズムに基づくデクノボー革命運動。1992年リラヴォイス開発、1995年自然音楽誕生。1999年デクノボー革命実現。現在、「自然音楽研究所」で地球の恒久平和活動に従事。著書『ワンネスブックシリーズ』（全6巻）、『音楽進化論』『宮沢賢治の霊の世界』他。訳書『シルバー・バーチ霊言集』『ホワイト・イーグル霊言集』『霊の書』他。詩集『地球が晴れて行く』他。

デクノボー革命の軌跡 1

リラ自然音楽のスピリチュアルな意味

2005年 8月 1日　初版　第1刷 発行

著　者　山波言太郎

装　幀　桑原香菜子

発行者　山波言太郎総合文化財団

発行所　でくのぼう出版
〒248-0014　神奈川県鎌倉市由比ガ浜 4-4-11
TEL 0467-25-7707　FAX 0467-23-8742

発売元　株式会社星雲社
東京都文京区大塚3-21-10（〒112-0012）
電話03-3947-1021

印刷・製本　昭和情報プロセス株式会社

ISBN 4-434-06561-0